フラワー風水と花曼荼羅®の持つ力

自分と繋げる天地の癒し

一般社団法人日本フラワー風水協会　著
岡安美智子　監修

三恵社

はじめに

あるときは元氣をもらったり、あるときは癒されたり……。花には見る人が心なごむ何かを与えてくれる不思議なパワーがあります。
そんな花に風水を取り入れ、幸運を呼び込むメソッド。それがフラワー風水です。

そもそも私が風水と出合ったのは会社勤めをしていたころ。当時、問題を抱えて苦労している両親に安心してもらいたい気持ちから、家を購入することが大きな目標となりました。

家を購入するなら、やはり、少しでも良い条件で手に入れたいと思いますよね。方位、間取り、引越しの日取り……。そして念願が叶い、家を購入した後は、家の中に氣の高いものを置いたり、家具の配置やインテリアを工夫するなど、いろいろ試みました。

でも、身のまわりの環境が整ったら、それで開運完了というわけではありませんでした。開運するにはそのための〝行動〟がセットになってはじめて、チャンスが巡ってくることを身をもって知ったのです。

願いを叶えるための行動をおこす源は、自分の中にあります。自分の心と体が健やかでハッピーになれば、「よし、やってみよう！」という氣持ちがわいてきますよね。

あなたが行動を起こすきっかけをつくってくれるのが、フラワー風水です。想いを込めたフラワー風水を生活に取り入れると、お部屋の氣が活性化され、前向きな気持ちになり、パワーがみなぎってきます。

本書は２００８年に河出書房新社で発行した内容を、好評のため、時流に合わせて加筆、修正して再発行いたしました。本書を読んでくださる皆さまにとって、フラワー風水と花曼荼羅®が願いを叶えるためのきっかけになることを願っています。

２０１８年７月　岡安美智子

あなたの「フラワー風水」を見つけてください

植物にはパワーが宿っています。
花の形、色、香りは、人間のストレスを緩和してくれる神様からの贈り物。
花はものすごく献身的です。
自分の命を削って、ネガティブな思いや疲れを吸い取ってくれます。

そんな「花」と中国古来から伝わる「風水」を使って、
幸運を呼び込むのが「フラワー風水」。

「フラワー風水」は、
あなたの生年月日などから〝補い〟が必要な「色」「形」を導き出し、
生み出されたもの。そしてそれは「五行」と対応しています。
運氣を高め、夢を叶えるための行動をサポートしてくれる
あなただけの「フラワー風水」が、次の5つの中にあります。

「木」のフラワー風水

「木」の特徴

木は曲直《きよくちよく》。よく曲がり、伸びる様子を表し、生命の始まり、発展を意味します。

花色	緑／青
形	細長い
季節	春
方位	東

「火」のフラワー風水

「火」の特徴

火は炎上。物が燃焼し、旺盛になって燃え上がる状態。温かさ、上昇を表す。

花色	赤／ピンク
形	三角
季節	夏
方位	南

「土」のフラワー風水

「土」の特徴

土は稼穡《かしょく》。稼穡《かしょく》とは、もともと植物が発芽すること。養い、育て、稼ぎ、収穫することを表す。

花色	黄／茶	形	四角
季節	土用	方位	中央

「金」のフラワー風水

「金」の特徴

金は従革《じゆうかく》。変革、改まる、引き締める、厳しいさまを表し、枯れる手前、生命の落日、世代交代を意味する。

花色	白／金／銀
形	丸／球
季節	秋
方位	西

「水」の特徴

水は潤下《じゅんげ》。下向きに流れ、閉じ込められる、冷たいさまを表し、生命の萌芽を待つ時期を意味する。

花色	黒／青／紫	形	波形／雲形
季節	冬	方位	北

「水」のフラワー風水

Contents

Lesson 2 あなたの願いを叶える開運別フラワー風水

Lesson 3 願いを叶える フラワー風水の飾り方

Contents

[この本の使い方]

本書は、「五行別フラワー風水」「開運別フラワー風水」
「フラワー風水の飾り方」と3つのレッスンで構成されています。
各レッスンの内容をふまえて、
あなただけの「フラワー風水」をつくり、願いを叶えてください。

Lesson 1

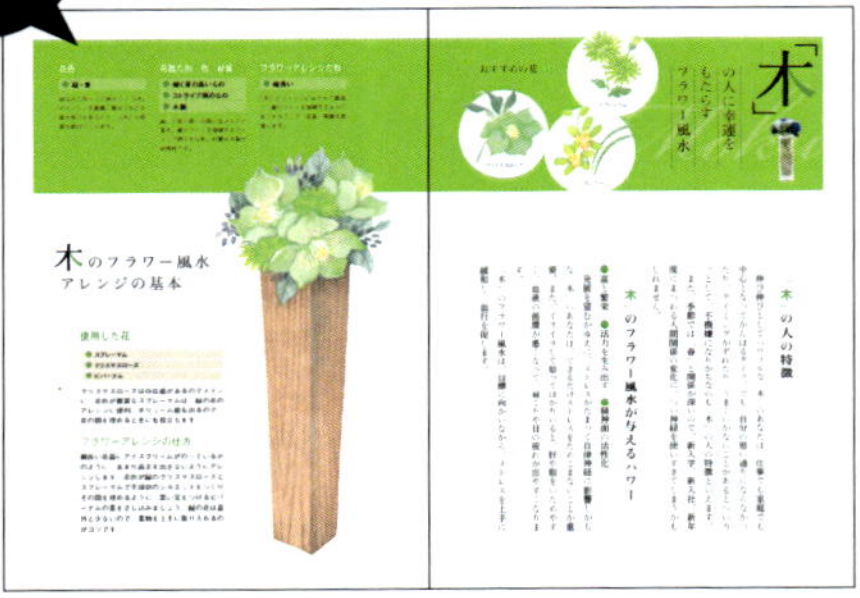

Lesson 1は、フラワー風水の役割と、五行それぞれのフラワー風水のつくり方を解説しています。あなたの五行を出して、自分だけのフラワー風水を見つけましょう。

おもな要素

- ●風水と花の関係
- ●五行別のフラワー風水の意味
- ●五行別のフラワー風水のつくり方

Lesson 2

Lesson 2は、開運別フラワー風水の役割とつくり方を解説しています。あなたのつくりたいフラワー風水を見つけて、あなたの願いを託してみましょう。

おもな要素

- ●開運別フラワー風水の意味
- ●開運別フラワー風水のつくり方
- ●ケース別ラッキーアドバイス

Lesson 3

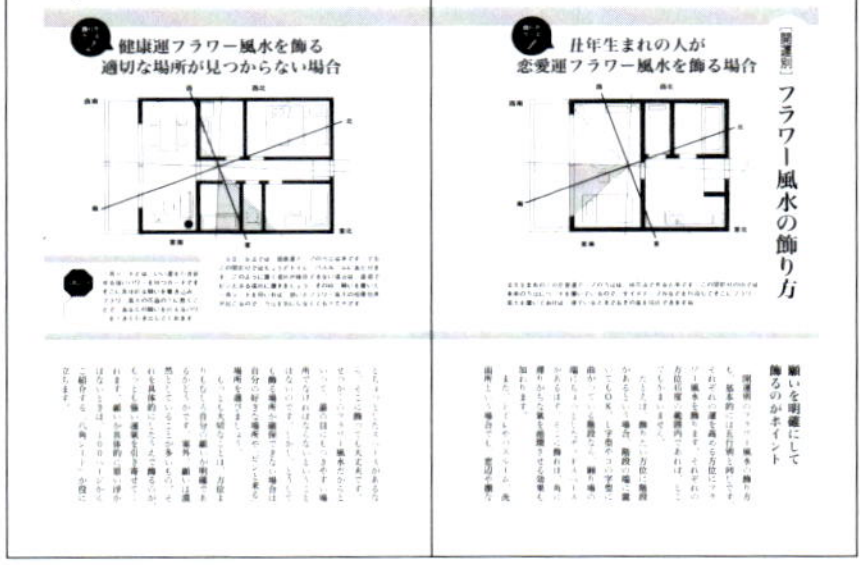

Lesson 3は、五行別フラワー風水や開運別フラワー風水の飾り方について解説しています。フラワー風水を効果的に家に取り入れ、生かす方法を見ていきます。

おもな要素

- ●五行別フラワー風水の飾り方
- ●開運別フラワー風水の飾り方
- ●スペース別フラワー風水の取り入れ方
- ●運氣アップテクニック

Lesson 1

あなたに幸運を呼び込む
五行別フラワー風水

花を見ていると、優しくなれたり、
元氣をもらったり、勇氣がわいてきたり……。
そこにあるだけでパワーを与えてくれる花と、
幸運を呼び込む力をつける風水を
組み合わせたものが「フラワー風水」。
運氣をグンとアップさせるために、
自分だけの「フラワー風水」をつくってみませんか。

風水ってなに？

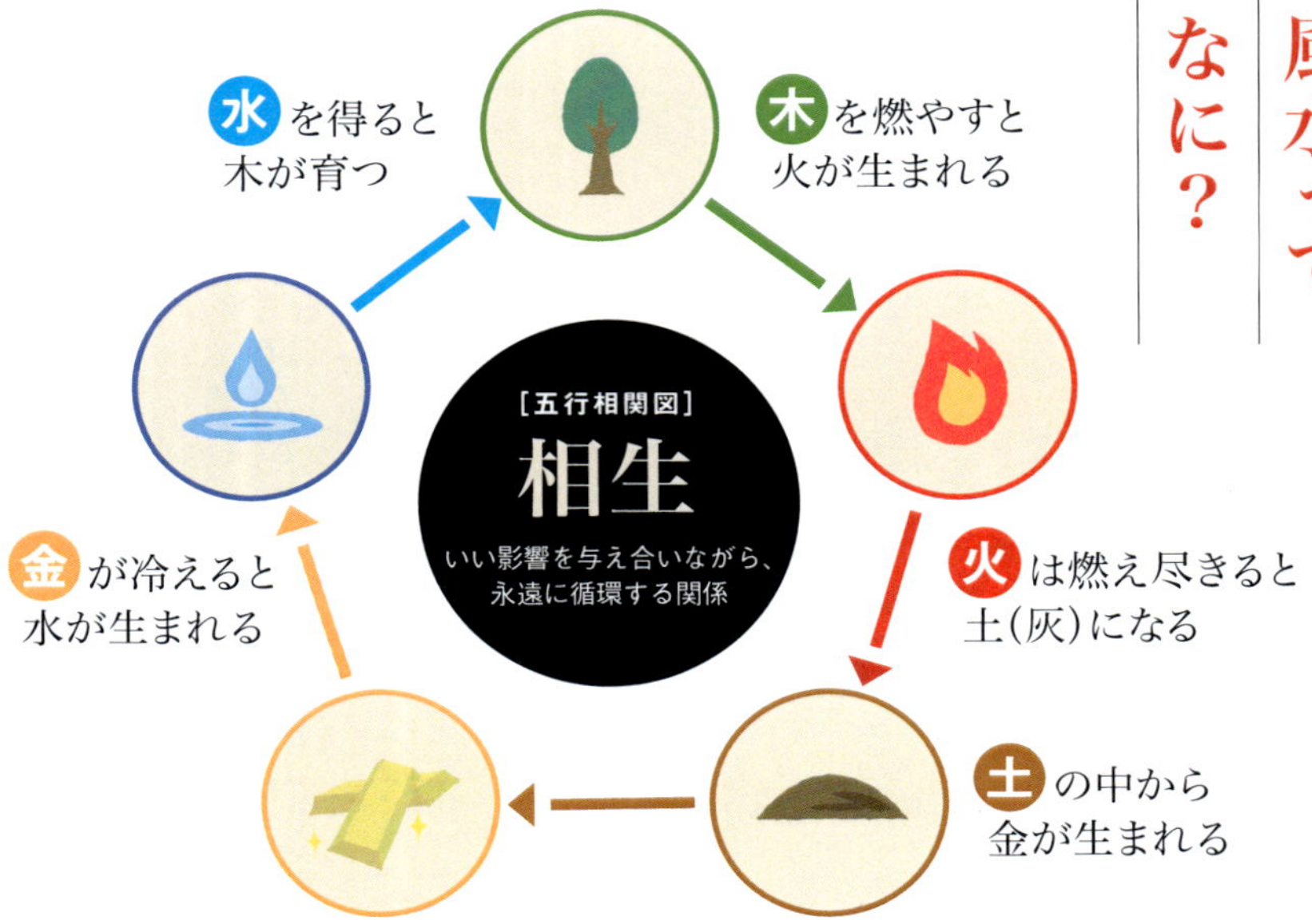

■風水はハッピーになるための環境学

毎日を楽しく、前向きに、ハッピーに過ごしたい。だれもがそう望んでいますよね。

でも実際には、なかなか思うようにならないもの。努力しているのにうまくいかないなんてこともあります。そんなとき、自分に強い運を引き寄せて、幸せになるためのよりよい環境を生み出す方法が、風水なのです。

そもそも風水では、自然界に存在するすべてのものに「生命エネルギー＝氣」があると考えます。その「氣」を住まいに呼び込み、体のなかに取り入れて、調和しながら生活することを基本としています。したがって、いい氣がたくさん入ってくればその人は元気でハッピーになれますし、悪い氣が流れていれば知らないうちに悪い影響を受けてしまうというわけですね。

いい氣を呼び込むためには、風水の法則に合わせて環境を整えていけばいいのです。ちょっとした気配りやアイデアで、あなたを取り巻く環境はみるみる変わっていきます。

■五行説は、風水の基本となる考え方

「五行説」をご存知ですか。これは古代中国から伝わる学問のひとつで、風水を実践するうえでの基本となるものです。

五行説では、自然界に存在する万物は「木」「火」「土」「金」「水」という5つの要素で成り立ち、すべてが5つのどれかに属するとされます。5つの要素はそれぞれ異なる特徴を持ち、お互いに影響し合っています。

その組み合わせには相性があります。たとえば「木」を燃やすと「火」が生まれ、「火」が燃え尽きると「土」になり……というように、互いに助け合う関係が「相《そう》生《しょう》」。逆に、「木」は「土」から養分を奪い、「土」は「水」をせき止め、「水」は「火」を消し……といった互いに反発し合う関係が「相剋《そうこく》」です。

このように万物がお互いに作用し合って世の中は成り立ち、その組み合わせによって「吉」と「凶」が生まれます。これらの法則をふまえ、バランスよく取り入れていくことが、風水で幸運を引き寄せる秘訣といえます。

「フラワー風水」は幸運を呼び込むラッキーアイテム

フラワー風水 アレンジの基本 >>>

五行	色	形	
木	緑	細長い	ストライプ
火	赤	三角	菱形
土	黄	四角	チェック
金	白	丸・球	楕円
水	黒※	波形・雲形	波形・雲形

※フラワー風水では、黒は紫に置き換える

■花には幸せを引き寄せるパワーがある

花を見ていると、それだけで幸せな気持ちになります。花で不機嫌になる人なんていませんよね。

それは、花にはパワーが宿っているから。花の色、形、香り、手触りといった要素がパワーとなり、五感を通じて心身を刺激して、ネガティブな想いやストレス、疲れなどを吸い取って、調子を整えてくれるのです。

そんな花と風水の考え方を組み合わせて、幸運を呼び込むのがフラワー風水。風水の基本となる五行に分類された色や形に合わせて花をアレンジしたものです。たとえば「木」なら緑と細長い形、「火」は赤と三角、「土」は黄と四角、「金」は白と丸・球、「水」は黒（紫）と波形・雲形となります。

花のパワーに五行の法則をプラスしたフラワー風水は、その人により大きなパワーを与え、ときには補い、高める存在となり、幸せを呼び込むサポートをしてくれるのです。

フラワー風水の役割 >>>

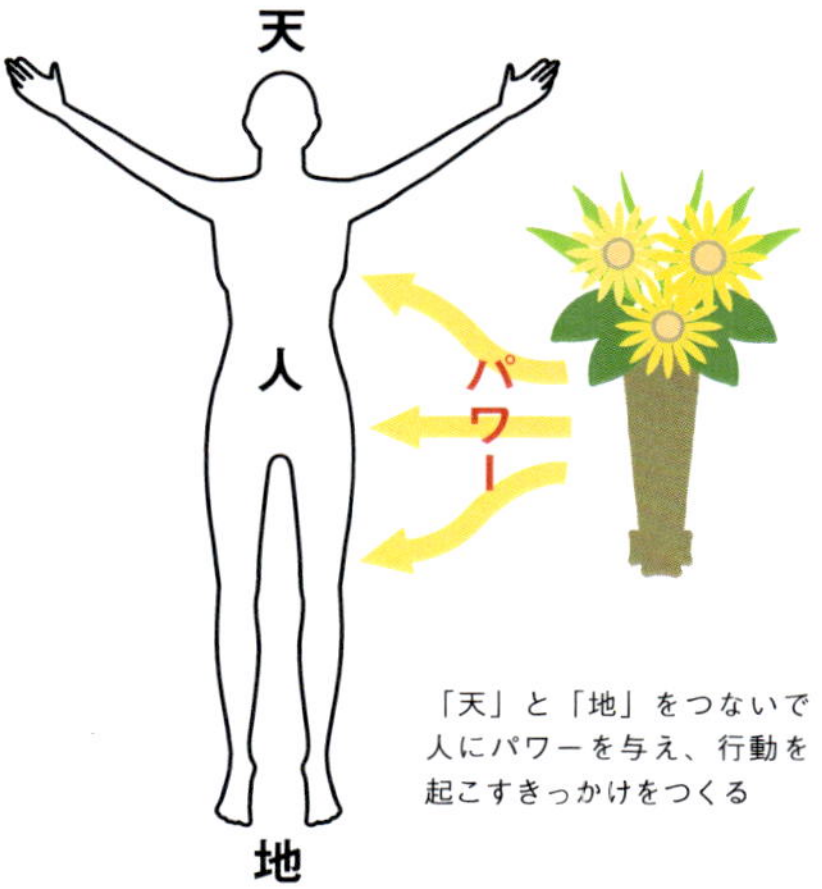

「天」と「地」をつないで
人にパワーを与え、行動を
起こすきっかけをつくる

幸せを呼び込む「天・地・人」のバランス >>>

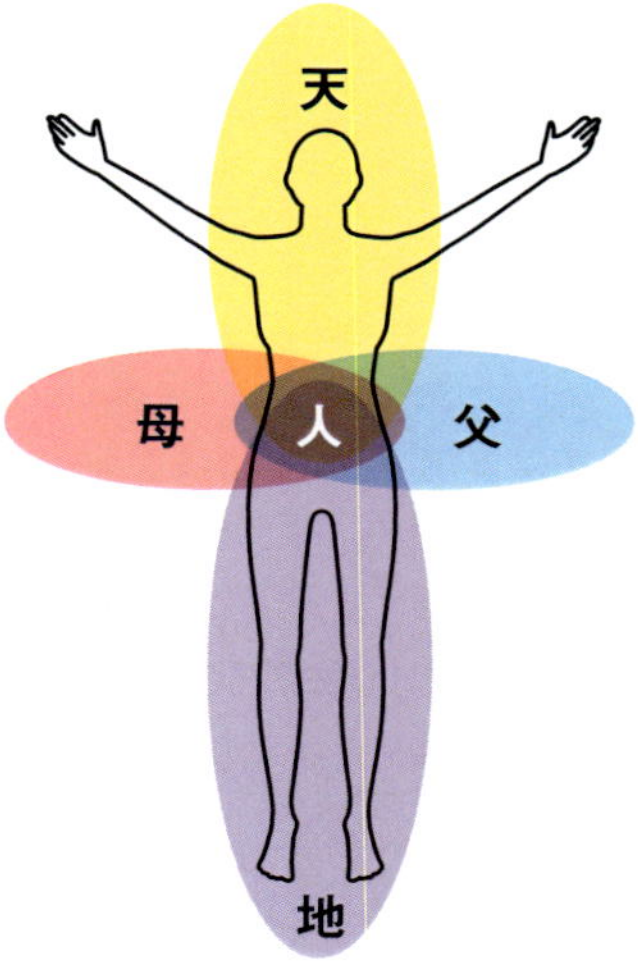

■フラワー風水が「天」と「地」をつなぐ

ここで、フラワー風水の役割についてふれておきましょう。

そもそも、太陽に象徴される「天」の力が大地に恵みをもたらし、「地」の力に活力を与えて四季が生じ、生命が生まれます。人は両親の恵みを受けて誕生し、天と地の力によって育まれていきます。風水では、この「天・地・人」のバランスがとれていることで物事が順調にすすみ、幸せが得られると考えます。この「天・地・人」のバランスを保つ見えない力が「氣」。私たちが弱気になったり、ストレスをためたり、不運にみまわれるときというのは、氣が乱れているのです。

フラワー風水は、そんな氣の乱れを調整する方法のひとつ。五行で分類された方位に自分の五行のフラワー風水を置くと、天と地をつなぐアンテナの役割を果たします。天と地がつながったとき、いい氣が生まれ、それが人にどんどん流れ込み、物事がいい方向に動き始めるのです。

あなたの五行を出してみましょう

五行の出し方 >>>

まずは、巻末にある「基本運命数早見表1」で、あなたが生まれた年と、生まれた月の交差するところにある数字を見つけましょう。その数字に、生まれた日の数を足します。この数字があなたの運命数です。もし、その数字が61以上になった場合は、そこから60を引いた数が運命数となります。

次に「基本運命数早見表２」で、自分の運命数を探し、そこに書かれた「木」「火」「土」「金」「水」のいずれかがあなたの五行です。

例
●１９６７年（昭和４２年）３月15日生まれの人
0 基本運命数 +15 生まれた日の数 =15　運命数は▶15　五行は▶土

例
●1981年（昭和56年）2月17日生まれの人
46 基本運命数 +17 生まれた日の数 =63　63−60=3
運命数は▶3　五行は▶火

■生年月日から五行を割り出す

五行の「木」「火」「土」「金」「水」にはそれぞれ意味があります。

たとえば「木」は、よく曲がりよく伸びる様子を表し、生命の誕生、発展などを意味しています。その意味を象徴するように、色は「緑」、形は「細長い」となります。同様に他の五行も異なる意味を持っています。

人の性格やものの考え方も、五行の意味と無縁ではありません。「木」の人は木が伸びるようにまっすぐな性格だとか、「火」の人は炎が燃えるように情熱的だとか……。自分の五行を知ることは、自分の本質を知ることでもあるのです。

五行をベースにつくるフラワー風水は、自分に合った花を選び、アレンジをすることで、自分らしさを引き出し、パワーを高めることが目的です。さっそく生年月日から自分の五行を割り出し、自分だけのフラワー風水を見つけてください。

さまざまな事象は五行で分けられます

生活の中にあるものは、すべて「五行」に分けることができます。
いくつかの事象を分けてみるとこうなります。

五行	木	火	土	金	水
季節	春	夏	土用	秋	冬
方位	東	南	中央	西	北
色	緑	赤	黄	白	黒
形	細長い	三角	四角	円・球	波形・雲形
模様	ストライプ	菱形	チェック	水玉	波・雲
素材	木	プラスチック	陶器	金属	ガラス
臓器	肝臓	心臓	脾臓	肺臓	腎臓
意味	樹木のようによく曲がり、よく伸びる様子を象徴	火炎のように燃え上がり、膨張し、上昇する力強さを象徴	大地のように万物を包容し、養い育て収穫することを象徴	金属のように硬い物が加工され、変化する現象を象徴	水のように潤い、万物を休息させ、養成する力を象徴

「木」の人に幸運をもたらすフラワー風水

おすすめの花 >>>

スプレーマム

クリスマスローズ

シンビジウム

「木」の人の特徴

伸び伸びとしてパワフルな「木」のあなたは、仕事でも家庭でも中心となってがんばるタイプ。でも、自分の思い通りにならなかったり、タイミングがずれたり、うまくいかないことがあるとついカッとして、不機嫌になりがちなのも「木」の人の特徴といえます。

また、季節では「春」と関係が深いので、新入学、新入社、新年度にまつわる人間関係の変化に、つい神経を使いすぎてしまうかもしれません。

「木」のフラワー風水が与えるパワー

●富と繁栄　●活力を生み出す　●精神面の活性化

発展を望むがゆえに、ストレスがたまって自律神経に影響しがちな「木」のあなたは、できるだけストレスをためこまないことが重要。また、イライラして怒ってばかりいると、肝や胆をいためやすく、血液の循環が悪くなって、肩こりや目の疲れが出やすくなります。

「木」のフラワー風水は、目標に向かいながら、ストレスを上手に緩和し、血行を促します。

花色

- 緑・青

緑は天に向かって伸びていく「木」のイメージを象徴。青は「水」を表す色でもあるので、「木」の成長を助けてくれます。

花器の形・色・材質

- 細く背の高いもの
- ストライプ柄のもの
- 木製

細くて背の高い花器に生けるのが基本。縦のラインを強調するストライプ柄でもＯＫ。材質は木製が好相性です。

フラワーアレンジの形

- 細長い

「木」のイメージに合わせて細長く、縦のラインを強調するようにまとめることで、成長・発展を表現します。

木のフラワー風水アレンジの基本

使用した花

- スプレーマム
- クリスマスローズ
- ビバーナム

クリスマスローズは存在感があるのでメインに。花色が豊富なスプレーマムは、緑の花のアレンジに便利。ボリューム感も出るので、花の間を埋めるときにも役立ちます。

フラワーアレンジの仕方

細長い花器にアイスクリームがのっているかのように、あまり高さを出さないようにアレンジします。花色が緑のクリスマスローズとスプレーマムで半球状のシルエットをつくり、その間を埋めるように、黒い実をつけるビバーナムの葉をさし込みましょう。緑の花は意外と少ないので、葉物を上手に取り入れるのがコツです。

「火」の人に幸運をもたらすフラワー風水

おすすめの花 >>>

カーネーション

ストロベリーキャンドル

スイートピー

「火」の人の特徴

ふだんは明るく元気でよく笑う「火」のあなた。実はちょっとしたことで、不安になったり悲しんだりすることがあります。喜怒哀楽の反応が激しいため、身の回りの出来事で心に負担がかかりやすくなり、動悸《どうき》、息切れ、赤ら顔になることも。

季節では「夏」と関係の深い「火」の人は、汗をかきやすく、夏バテしやすい傾向があり、睡眠不足から体調不良を起こす人が多いようです。

「火」のフラワー風水が与えるパワー

●集中力の強化　●愛情の強化　●社会的評価と名声

「火」のフラワー風水は、上昇する力を与え、社会的な評価や名声を得るのをサポート。その一方で、勝負するがゆえに負担がかかる神経をリラックスさせます。

また、日ごろから深い呼吸を心がけ、体に十分な酸素を送り込みましょう。夏のほてりを取り除いてくれる赤い食べ物、野菜や果物などをたっぷり食べると、花の効果を受け取りやすくなります。

花色

- **赤・ピンク**

赤は生命力を象徴する色。活力を与え、心身を強くします。ピンクは女性らしいやさしさや豊かさを与えてくれる色です。

花器の形・色・材質

- **三角形**
- **菱形の模様**
- **プラスチック、ガラス製**

底が広くて入口が狭くなっているものや、底が狭くて入口が広がっているものなど、三角形を意識。星の模様が入ったものでもＯＫ。

フラワーアレンジの形

- **三角**

火が燃える形をイメージ。また、花そのものの形が三角形になっている花を使うのも手です。

火のフラワー風水アレンジの基本

使用した花

- **スイートピー**
- **カーネーション**

カーネーションの花びらと、ヒラヒラしたスイートピーの花びらの質感が、「火」のイメージを表現。赤とピンクの相性もいいので、２色のコントラストを生かしましょう。

フラワーアレンジの仕方

全体のシルエットが三角形を形成するように花を生けていきます。花器にオアシス（吸水スポンジ）を入れ、まずは底辺の部分にあたる花器の縁に赤いカーネーションをあしらって安定感を出します。さらに花器の中心にいちばん背の高いスイートピーをさし込み、そのまわりに高さを調節しながらほかのスイートピーをさしていきます。ほかにも、チューリップやストロベリーキャンドルのように、花の形が三角形をしているものを使うのも効果的ですね。

「土」の人に幸運をもたらすフラワー風水

おすすめの花 >>>

「土」の人の特徴

はっきりとした意志を持った「土」のあなたは、物事をうまく組み立て、いろいろな知識を吸収できます。また、ものを生み出し、育成して、稼ぎ出すパワーも旺盛です。

その反面、小さなことでくよくよ悩む傾向もあり、それによって胃に負担をかけてしまいがち。ストレス解消のため、暴飲暴食に走りがちとなり、胃腸をこわしたり、ストレス性の下痢になる人も多いようです。

「土」のフラワー風水が与えるパワー

●物事をスムーズに行うパワーの強化
●コミュニケーションの強化　●ロマンティックな幸福

「土」のフラワー風水は、物事をうまくすすめるためのコミュニケーション力をサポートします。また、「土」に分類される脾《ひ》臓《ぞう》や胃腸の働きを助けます。

日常生活においては、食事は3食、腹八分目で規則正しい食生活を心がけ、胃腸への負担を軽くする工夫をしましょう。

花色

● 黄・茶・オレンジ

黄色には、土台をつくり、実りを生み出すという意味があります。人を集め、人気を高めるパワーも備えています。

花器の形・色・材質

● 四角・チェックの模様
● 茶色
● 陶製

あまり背の高くない、四角くどっしりとした花器が基本。材質は、土からつくられる陶製がおすすめです。

フラワーアレンジの形

● 四角

土台という意味を込めて、どっしりとした安定感をかもしだす四角いアレンジが「土」の基本です。

土のフラワー風水 アレンジの基本

使用した花

● ひまわり
● スプレーバラ

黄色い花には「陽」の氣がいっぱい。天に向かって放射状に花開いたひまわりが「天」の氣を呼び込み、四角い花器が「地」と結びつける役割を果たします。花の間はスプレーバラで埋めるとかわいらしくおさまります。

フラワーアレンジの仕方

花器にオアシスを入れ、ひまわりを花器の四隅にスクエアに活けます。スプレーバラを中央にやや多めに、そして間を埋めるようにあしらいましょう。花全体のシルエットを四角にまとめるため、花器の形で工夫します。四角い陶器のお皿に花を敷き詰めるアレンジもおすすめです。

「金」の人に幸運をもたらすフラワー風水

おすすめの花 >>>

カスミソウ

バラ

ガーデニア（くちなし）

「金」の人の特徴

決断力があり、行動力にあふれた「金」のあなた。つねに必要なものと、不必要なものを切り分ける能力があります。ふんぎりのよさも特徴のひとつです。

また、人の気持ちを鋭敏に感じる感受性が豊かなため、人の悲しみや苦しみを引き受け、落ち込んでしまうことも少なくありません。深い悲しみは肺と大腸を刺激して、気管支をいためます。そのため、ぜんそくやアトピーといったアレルギー体質を持つ人も多いようです。

「金」のフラワー風水が与えるパワー

●決断力の強化　●判断力の強化　●積極的になる

「金」のフラワー風水は、持ち前の決断力や行動力を強化し、積極的に動くパワーを与えてくれます。さらに、ネガティブな想いに影響を受けないよう、ブロックしてくれる作用もあります。

花のパワーを十分に受け取るためにも、あなたに合った気分転換法を見つけ、人生を楽しむことにすすんで取り組みましょう。

花色

- 白

白には変わる、改めるといった意味があります。また、浄化する、リセットする作用もあります。

花器の形・色・材質

- 丸みのあるもの・水玉の模様
- 白
- 陶製

「金」の形である球体の花器がおすすめ。球体がむずかしい場合は、丸い水玉模様でもＯＫです。

フラワーアレンジの形

- 丸・球

「金」を象徴する丸や球の形にまとめます。丸いものには「集める」という意味があります。

金のフラワー風水
アレンジの基本

使用した花

- バラ
- カスミソウ

花の形が丸くてコロンとしたものがおすすめです。花色は、白いものを選びましょう。

フラワーアレンジの仕方

花器の縁の上に、半球状にまとめていきます。花と花器を合わせて、全体のシルエットが球体に近くなるようにまとめるのがコツ。まずはバランスを考えながらバラを生けていき、その間にカスミソウを加えてボリューム感と球のシルエットを出していきます。バラの葉もバランスをとるアイテムとして利用しましょう。

「水」の人に幸運をもたらすフラワー風水

おすすめの花 >>>

「水」の人の特徴

「水」のあなたは、水の氣が活発に働いているとき、思考力や直感が冴《さ》えます。新しいことにもどんどんチャレンジします。

反面、水の氣が活発でないときは、グズグズ、なよなよしてしまい、せっかくのタイミングをのがしてしまいがち。ビクビクした恐怖心が腎を傷つけ、腎や膀胱の経路が滞りやすい傾向もあります。毒素を排出する力が弱くなり、疲れやすく、むくみなどに悩む人も多いようです。

「水」のフラワー風水が与えるパワー

●過去のこだわりの排除　●チャレンジ力の強化　●仕事の成功

「水」のフラワー風水は、過去をリセットして、今やるべきことにパワーを集中させる働きがあります。一度集中すると、予想外の力を発揮し、仕事を成功に導きます。

日常生活では、なるべく体を冷やさないようにすることが大切。体を温める、根菜、海草、うなぎなどの黒い食材を、食生活に多く取り入れましょう。

氣が滞らないように体を動かし、免疫を高めることも大事です。

花色

- **青・紫**（黒を紫に置き換えます）

黒は強い「水」の氣を持った色。黒い花は少ないので、フラワー風水では紫に置き換えて選びます。

花器の形・色・材質

- **波形**
- **ウェーブがついたもの**
- **ガラス製**

形にとらわれない、自由な形状のものを使います。材質は、水の透明感をイメージするガラス製のものを。

フラワーアレンジの形

- **波形・雲形**

水には形がなく、自在に形を変えることができます。波形や雲形にまとめて、「水」の特徴を表現します。

水のフラワー風水アレンジの基本

使用した花

- **アイリス**
- **ビバーナム**

アイリスは茎に水をたっぷり含み、「水」の性質を持っているので、「水」の特徴をクローズアップします。黒の花を見つけにくいので、代わりに黒い実を活用してもＯＫです。

フラワーアレンジの仕方

花器の中心にまずアイリスをさし、バランスを整えます。さらに花器の縁に黒い実をつけたビバーナムをあしらい、花色の紫と実の黒が映えるようにまとめます。波形の花器が見つからない場合は、ガラスの入れ物に青系のビー玉を入れ、その上にアレンジすると「水」の要素が強まるのでおすすめです。

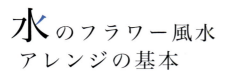

Column

五行のフラワー風水を“補う”花

五行のフラワー風水は、五行の特徴をより強化するものです。あなたがあなたらしくいられるように、あなたが望む願いを叶えるサポートをするように、そして、あなたが願いを叶える行動を起こすときに背中を押してくれるように──。でも、五行のうちの1つの特徴を形に表現したのでは、足りない要素もあります。

そんなとき、自分の五行の花に足りない要素を、他の五行の花に補ってもらうことができます。

16ページで、五行における「相生」の関係をご紹介しました。「木」を燃やすと「火」が生まれ、「火」が燃え尽きると「土」になり、「土」の中から「金」が生まれ、「金」が冷えると「水」が生まれ、「水」を得ることで「木」が育つという、互いに助け合う関係のことです。この「相生」の関係にある五行の花が、あなたに足りない何かに“補い”を与えてくれるのです。つまり、「木」の人にとっては「水」、「水」にとっては「金」、「金」にとっては「土」、「土」にとっては「火」、「火」にとっては「木」になります。

自分に新たなパワーを与えてくれる“補い”の花を、さりげなく取り入れることも、いい氣を招くことにつながります。

“補い”の関係

五行	木	火	土	金	水
補いをもらえる相手	水	木	火	土	金
補いを与える相手	火	土	金	水	木

Lesson 2

あなたの願いを叶える
開運別フラワー風水

色、形、伸び方など、
それぞれ違う個性を持つ花たち。
それらの個性をいきいきと組み合わせながら、
心をこめてアレンジしてみませんか。
そのフラワー風水は、
願いを叶えたいあなたを
惜しみなくサポートしてくれることでしょう。

Pattern 1

恋愛運

異性と出会う機会がない、
なかなか恋愛に進展しない――。
そんなあなたは恋愛のタイミングが
ちょっぴりずれているのかも……。
花の補いで運氣を味方につけて、限られた
チャンスをモノにしたり、異性にアピールする
魅力を高めたり、一歩を踏み出す
勇氣を引き寄せましょう。

使用した花

- バラ
- スプレーバラ
- カスミソウ

使用した花器

- ピンクの陶製

フラワーアレンジの仕方

花器の中にオアシスを入れ、そこにメインとなるバラを半球状（ラウンド）の形になるようにさしていきます。葉も形をつくる一部として生かしましょう。さらにバラの花の間にスプレーバラやカスミソウを使うとボリュームが生まれ、形がつくりやすくなります。

恋愛運アップのフラワー風水
アレンジメント例

恋愛運をアップするフラワー風水の基本

花色

●ピンク　●赤

ピンクには、精神を安定させてやさしさや女性らしさを引き出し、華やいだ印象をプラスしてくれるパワーがあります。赤は「火」を表し、元氣、情熱、積極性を高めるのにおすすめです。

花器の形・色・材質

●四角（キューブ型）

●ピンク　●陶製

花で表現した天のパワーを地と結ぶという意味で、五行の「土」の形である四角い花器を使います。色はピンクがおすすめ。材質は特にこだわる必要はありませんが、色を考えると陶製がよいかもしれません。

フラワーアレンジの形

●丸　●球

天のパワーを引き寄せる意味を込めて、花全体のシルエットを、天を表す丸や球の形にまとめます。うまくまとめる自信がない人は、お店の方に頼んで丸いミニブーケにしてもらうといいでしょう。

運氣を高める方位

中国に伝わる「桃花法」（P75参照）は、恋愛運を向上させる方位のこと。生年の十二支によって割り出すので、人によって運氣を高める方位が違います。

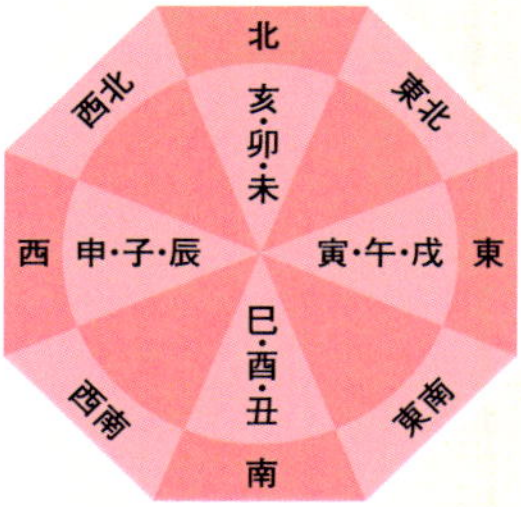

恋愛運を引き寄せる花

バラ

恋愛や愛情を深めたいときにはピンク系のバラを。

スイートピー

可憐な花色と、フワフワした質感が運を引き寄せてくれます。

ガーベラ

長い花びらが放射状に開くガーベラは、陽の氣が強く恋愛に最適。

恋愛運を高めるラッキーアドバイス

ちょっとの勇気とちょっとの行動力があれば、あなたが思い描く恋愛を手に入れることができるかもしれません。
その前に運を味方につけて、魅力をアップさせるとっておきの方法をご紹介します。

Case 1 想いを伝える勇氣が欲しい

★ラッキーアイテム
「アファメーション」

「アファメーション」とは、自分を肯定する言葉のこと。自分の想いを肯定的な言葉にすることで変化を起こそうというものです。

やり方は簡単。寝る前と朝起きたときに、恋愛運向上のフラワー風水に向かって、相手への想いを言葉に出して伝えます。そのとき自分勝手なことばかり想わないこと。相手への好きという気持ちと同時に、相手の幸せをイメージすることが大切です。

アファメーションを繰り返していると、ある日突然、相手に想いを伝える勇氣が内側から湧き出てくるのを感じるでしょう。

Case 2 異性から注目される魅力を高めるには

★ラッキーアイテム
「香り」

植物は自分が出す香りで蝶やハチなどを引きつけ、蜜を吸ってもらい、花粉を運んでもらいます。蘭は夜に香りが出ますが、私たちはその独特の香りに魅了されます。自然界では当たり前のことですが、人間社会でも香りで人を引きつける方法があるのです。

それには甘い香りがするバニラや、多くの人が癒しを感じるラベンダーが効果的。これらの植物の香りのパワーを身につければ、異性からの注目度アップまちがいなしです。

Case 3 異性と出会うチャンスを増やしたい！

★ラッキーアイテム

「愛の石・インカローズ」

ある日、シカゴに住む男性が「もう一人きりの生活は飽き飽きだ！ 素敵な女性と知り合いになるぞ！」と、女性と出会う覚悟を決めました。男性は街に出かけ、指輪をしていない女性100人に声を掛けまくりました。なんと！ その中の一人の女性がデートをしてくれることになったのです。これは実話で『本当に出会いを求めたいなら1日でできる』と、アメリカの新聞で話題になりました。

あなたが異性と出会うチャンスを増やすには、まず外へ飛び出すことが大切。それには毎晩、寝る前に自分の波動に合った愛の石・インカローズを手に持ち、「素敵な異性と出会えますように」と願いを込めてみましょう。そして、自分が好きな場所へダンデライオン（たんぽぽ）の種のようにフワフワと出かけてみましょう。芸術が好きな人は美術館に。映画が好きな人は映画館に。そこには素敵な出会いのチャンスがあるはずです。

Column

恋愛運アップ・ワンポイントアドバイス

ステキな恋愛を引き寄せる行動と思考を

恋愛運フラワー風水は、丸くまとめた花と四角の花器で「天」と「地」を表現しています。その間で生活している「人」が行動を起こすことによってはじめて、運氣が高まるのです。
さらに、今までの恋愛パターンを見直してみるのも大切。ステキな出会いがあっても恋愛対象と思わなかったり、恋愛が長続きしなかったり……。ピンクの花でつくったフラワー風水は、ステキな恋愛を引き寄せる行動と思考のきっかけを運んでくれます。

Pattern 2

結婚運

結婚運も広い意味で恋愛運のひとつ。
でも、結婚という目的に向かい
決断するという点で、
大きなパワーが必要です。
良縁を引き寄せ、実を結び、
円満な家庭を築くためにも、
花のパワーは大きな
サポートになるはずです。

使用した花

- ラナンキュラス
- チョコレートコスモス
- カスミソウ

使用した花器

- 白い陶製

フラワーアレンジの仕方

花を球体に仕上げるため、トピアリーを使います。まず、花器の中に粘土を入れて、支柱を立てます。そこに球体のオアシス（ない場合は球体にカット）をさし、まずチョコレートコスモスを横に一周、さしていきます。残りのスペース全体に、茎を短くカットしたラナンキュラスをさし込んでいきます。花の間はカスミソウで埋めます。粘土が見えないように白い石を敷き詰めれば完成。

結婚運アップのフラワー風水
アレンジメント例

結婚運をアップするフラワー風水の基本

花色

● ベージュ　● 茶色

ベージュは上品さを演出し、自分の価値をワンランク引き上げてくれる色。そんなベージュをメインカラーに使い、アクセントとして茶系と組み合わせるといいでしょう。「土」の色に象徴される茶系の色には、安定をもたらすパワーがあります。

花器の形・色・材質

● 四角（キューブ型）

● 白　● 陶製

白には、組み合わせた他の色の氣をパワーアップさせる働きがあります。真っ白な陶製の花器を使うことによって、結婚運をさらに引き出す効果があります。

フラワーアレンジの形

● 球

恋愛運同様、天のパワーを引き寄せる意味で花全体のシルエットを球の形にまとめます。パワーストーンで人気のあるタイガーアイ（虎目石）をイメージするといいでしょう。

運氣を高める方位

【西南】

風水の技法に「玄《げん》空《くう》八《はっ》卦《か》法《ほう》」（P74参照）という八方位を利用して運氣を上げる方法があります。この方法では、結婚運を向上させるのに西南を使います。

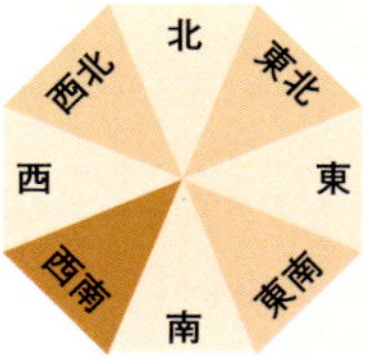

結婚運を引き寄せる花

ラナンキュラス

花びらが豊かでボリューム感のある花。ベージュ色のものを選びます。

マーガレット

豊かな恋愛をもたらします。また、花びらの長い花は縁をつなぐ効果もあります。

チョコレートコスモス

安定をもたらし、家庭内の和を保つ氣を与えてくれる茶色を花色に持つ貴重な花。

結婚運を高めるラッキーアドバイス

結婚するまでの道のりには、いろいろなことが起こり得ます。うれしいこともあれば、困ったこともありますよね。自分の努力だけではうまく進まないことも、自らの運氣を高めればきっと乗り越えられます。

Case 1 今の恋愛を結婚に結びつけたい

★ラッキーアイテム

「花曼荼羅®塗り絵」

恋愛運と結婚運は似ているようでちがうもの。結婚を決断するにはお互いに大きなパワーが必要となります。良縁を引き寄せ、実を結び結婚という流れを作るには情熱を司る火のパワーが必要です。花曼荼羅®結婚運の塗り絵を塗ることで、花と曼荼羅のパワーによってエネルギーが高まり、あなたの結婚運への流れが加速します。

Case 2 結婚までスムーズに進めるには

★ラッキーアイテム

「オリーブ」

婚約者がいつも歩いている通りから、手のひらに収まるくらいの大きさの石をひとつ拾ってきます。それを家に持ち帰り、流水で10分ほど石を浄化します。その後、上質のオリーブオイルを上からたらして、20～30分かけて擦り込みます。こうすることであなたのエネルギーが石に転写されるのです。そ

して、元にあった場所に石をそっと返してきます。

　すると、婚約者がその場所を通ると、あなたのエネルギーをいつもより感じやすくなり、気にかけてくれる時間が増えます。お互いの愛も深まり、結婚までスムーズに進むことでしょう。

Column

願いを叶える「花曼荼羅®」とは

潜在意識にある想いを、自ら色を塗ることで引き出します。

曼荼羅（マンダラ）とは、サンスクリット語の mandala を音写したものです。「円・輪」「中心との関係」「本質」「中心などを持つもの」と言う意味があります。

花曼荼羅® は、開運を導く「花」と強いパワーをもつ「神聖幾何学」を「曼荼羅模様」に組み合わせた美しい絵柄のシートに自由に色を塗っていく塗り絵です。

花曼荼羅® に色を塗るたびにあなたの無意識とつながり、あなたの中にある手放すべき悩みや、悩みの本当の原因、ありのままのあなたに気づいていくでしょう。

「恋愛運」「結婚運」「仕事運」「人間関係運」「金運」「浄化」から選んだシートは不思議と今のあなたに必要なメッセージが届けられます（巻末に花曼荼羅® 塗り絵の付録がありますので塗ってお楽しみください）。

尚、花曼荼羅® は塗り絵の他、花曼荼羅® フラワーアレンジメント、花曼荼羅® カードがあります。

花曼荼羅® は登録第 5442555 号において商標登録されています。
JFFA 協会認定セラピスト以外に花曼荼羅® の名称を用いたセミナー活動・出版物の制作等を行うことはできません。

Pattern 3

ビューティー運

美しさは外見だけでなく、内面の充実、知性などのトータルからかもしだされるもの。ですからそれらの運氣を相乗的に高めていきましょう。花の色や香りには、五感を通じて心身に働きかけ、代謝を高め、脳を活性化させるパワーがあります。そんな花のサポートが、外面と内面の両方から真の魅力を引き出してくれます。

使用した花

- チューリップ（赤または濃いピンク）

使用した花器

- アルミ製の丸い容器

フラワーアレンジの仕方

まず花器のバケツにオアシスを入れ、孔雀が羽を広げた形をイメージしながら、チューリップが三角形のシルエットをつくるようにさし込んでいきます。葉が三角形の底辺をつくるようにするといいでしょう。正面から見て三角形がつくれたら、茎の間を埋める要領で、手前に数本、チューリップをさし込みます。

ビューティー運アップの
フラワー風水
アレンジメント例

ビューティー運をアップするフラワー風水の基本

花色

● ピンク　● 赤

ピンクには女性ホルモンのバランスを整えるパワーがあるので、美しさや女性らしさを内側から引き出してくれます。やや濃いめのビビッドなピンクがおすすめ。「火」の氣を持つ赤は滞った氣を整え、代謝を高めて体に活力を与える色。老廃物を排出し、ダイエットもサポートしてくれます。

花器の形・色・材質

● 丸みのあるもの　● シルバー

● 金属製（アルミ製）

条件に合ったものが見つからない場合は、色、材質ともにピッタリのアルミ製のミニバケツなどを利用するのも手です。

フラワーアレンジの形

● 三角（トライアングル）

チューリップの花の三角形は「火」のパワーの象徴そのもの。女性らしさや美しさを引き立てるピンクや赤の花を、「火」の形にまとめることで、さらに活力やポジティブなパワーを集めることができます。

運氣を高める方位

【南】

八方位を利用して運氣を上げる風水の技法「玄空八卦法」では、ビューティー運を向上させるのに南を使います。

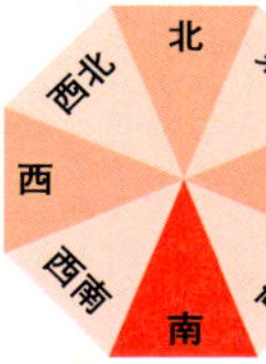

ビューティー運を引き寄せる花

チューリップ

かわいらしさ、女性らしさを引き出します。女性ホルモンのバランスを整える働きもあります。

アルストロメリア

華やかさが、見る人の美しさをも引き出します。ストレスを緩和し、おおらかな気持ちにする作用も。

ケイトウ

鮮やかな赤と肉厚な花びらが特徴のケイトウは、ろうそくに火が灯っているような形をしています。

ビューティー運を高める ラッキーアドバイス

見た目ばかりを気にしていては、本当の美しさは手に入りません。
体だけでなく、心にも磨きをかけましょう。内側からわき上がってくるような
魅力を持った女性は、とても輝いて見えます。

Case 1

人から注目を集める オーラを放ちたい

★ラッキーアイテム

「ゼリツィン®-エリクサー」

芸能人や女優さんを見て、「オーラが輝いている」とか「やっぱりオーラが違うね」などと話すことがあります。自分のオーラを輝かせて注目を集めるには、まず自分をブロックしている後ろ向きな気持ちをできるだけ取り払い、心と体のコンディションを整えることがいちばんの近道です。

そんなあなたの味方になってくれるのがゼリツィン®-エリクサー。ドイツのエリザベト・ゼリンさんによって開発された花と宝石を使った波動セラピーで、ドイツでは治療として取り扱われています。ゼリツィン®-エリクサーは生きたままの花のエネルギーを転写し、それぞれに対応する宝石のエネルギーを組み合わせたこれまでにない自然療法です。宝石の持つ8つの構造と波動が内面の深い部分に導かれ、結果、自信と確信を得ることでエネルギーが拡大され、オーラが輝いてきます。

Case 2

第一印象をよくしたい

★ラッキーアイテム

「花と宝石療法」

なんといってもまずは笑顔。笑顔を絶やさない人に、好感を抱かない人はいません。

それには、南の方位以外に自分の鏡の近くにもビューティー運アップのフラワー風水を置いてみましょう。そして、宝石フィッティングで出会った、あなたの魅力を引き出してくれる宝石を身につけ、朝起きて一番に見る鏡にむかってにっこりスマイル。花と宝石の相乗効果でプラスのエネルギーが最高の笑顔づくりをサポートしてくれるでしょう。

Column

宝石フィッティングとは

私たち人間や、日頃使っているパソコン、スマホ、飼っているペットや花、宝石など、身の回りにある全ての物は、振動、波動、光を経て原子で構成されています。現在確認されている原子は118種類で、そのうち自然界を構成しているのは92種類とされています。全ての物質は原子の配列によって、それぞれ違った姿となり誕生します。私たちが自分の波動と合った物に出会った時、氣のバランスが整い、エネルギーが上昇します。特に宝石は物質の中でいちばん光の含有量が高い為、わたし達に影響を及ぼすパワーが大きいと言われています。宝石フィッティングとはプロ（ジュエル・エネルギーアドバイザー）により、あなたの波動に合った宝石を選ぶ方法です。

Pattern 4

金運

風水においては、
流れるお金は金運、
貯めるお金は財運と分けてとらえます。
ですから、自分に流れてくる
お金を増やし、余計なお金が
流れていかないようにすることが
金運アップの秘訣です。
フラワー風水にはお金の流れを生み出し、
漏れるのを防ぐ
強力なパワーがあります。

使用した花

- ミリオンバンブー

使用した花器

- 四角い形の竹製

フラワーアレンジの仕方

あらかじめ、花器の中に緑のマラカイト、またはインドヒスイを1つ入れておきます。そこへミリオンバンブーを束のまま5、6本さし込みます。まっすぐ上に向けて、密生したイメージに仕上げるのがポイントです。

金運アップのフラワー風水
アレンジメント例

金運をアップするフラワー風水の基本

花色

● 緑

中国に古くから伝わる「玄空八卦法」では、金運アップに緑の天然石を用います。フラワー風水でも五行の「木」を表す緑には、成長、発展、成功を司る力があります。

花器の形・色・材質

● 長方形　● ナチュラル

● 木製・竹製

五行の「木」の形である長方形に生けることで、「木」の現象を強化して金運を呼び込み、発展、成功へと結びつけます。

フラワーアレンジの形

● 上に向かう細長い形

まっすぐ上に向かってスーッと伸びる形をつくります。金運に向かって上昇するイメージをつくるのがポイント。

運氣を高める方位

【東南】

「玄空八卦法」を用いると、金運の方位は東南。東南の方向にフラワー風水を置くことで、金運のアンテナを張った状態になり、お金の氣の循環がよくなります。

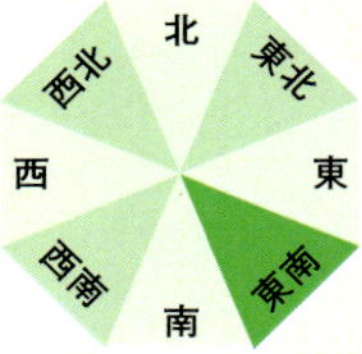

金運を引き寄せる花

ミリオンバンブー

台湾では「開運竹」と呼ばれる植物。まっすぐ上に伸びる様が、目的達成のイメージをつくります。

あじさい

インパクトとボリューム感があるあじさいは、単品で使うのがおすすめ。安らぎと安定をもたらす効果も。

スプレーマム

房（スプレー）状に花を咲かせるキクで、花色が豊富。香りには高ぶった神経を鎮める作用も。

金運を高めるラッキーアドバイス

お金に固執すると、金運は離れていってしまうもの。
心にゆとりを持つと、いい形でお金が循環するようになります。
自分の心を豊かにしてくれるアイテムのパワーで、金運を味方につけましょう。

Case 1 収入をアップさせたい

★ラッキーアイテム

「翡翠」

翡翠の持つどこまでも深い緑は、地球の大地のパワーが凝縮されたように神秘的。古代より翡翠は財運を導く幸運の石として使われてきました。

この石を東南に置いてみましょう。または、金運アップのフラワー風水の近くに置くことで、花と石のバイブレーションが金運をいっそう引き寄せる働きをしてくれます。緑の翡翠とフラワー風水のパワーを体験してみてください。

Case 2 臨時収入に恵まれるには

★ラッキーアイテム

「花曼茶羅® 金運UP塗り絵」

お金はなくてはならない大切な物質。でもお金は物質としてではなく、エネルギーとして取り扱うことができるのです。自分に流れて来るお金のエネルギーを作ってあげることで金運が向上します。そのためには物質を生み出す、地のパワーが必要。花曼茶羅®を通して地のエネルギーを取り入れることであなたの金運をパワーアップするようサポートします。

Case 3

無駄な出費を抑えたい

★ラッキーアイテム

「緑色の財布」

無駄な出費を抑えるには、浪費をしないことがいちばん。欲望をおさえるのに必要なゼリツィン®-エリクサーを使ってみましょう。欲望の裏にある気持ちがおちつくことで浪費ぐせがおさまってくれます。

そして財布の色は緑色がおすすめ。お札に触れる部分の色が緑色をした財布には、お金がどんどんと入ってくるようになります。

Column

金運UP！　花曼荼羅®体験談

「今」にピッタリの願いを叶えてくれます

akiko(50代 主婦)

できることならどんな運気でも上げたいですよぉ♪　そこで花曼荼羅®シートの出番なんですが、運気6枚を裏返しにして（潜在意識で）選び、折々に楽しんでおります。

それは「金運」を選び当てて楽しく花曼荼羅®を塗った次の日だったでしょうか。

用事でいつもお世話になっているカフェに出向いた時です。

姉妹でやられているカフェですが、その妹さんから「いつもお世話になっているので」とチーズケーキを丸一本頂き、お姉さんからは「お友達から靴をもらったんだけどサイズが合わないのでどう？」と新品の靴を差し出されて。それがなんと！　ピッタリ!!　私の為に用意されていたの？って思ってしまったくらいです。だって実は私の足のサイズは25.5センチなんです。レディースではなかなか無い25.5センチ！

ビックリ！　もちろん躊躇せず（笑）頂きました。

その帰りには、知り合いから最近発売されたばかりの音楽CDを三枚も頂きまして！　それも自分が欲しかったものばかり！

花曼荼羅®はその人の『今』に合った形で願いを叶えてくれるんですね。

たぶん、私にお金を持たせるとロクなことにならないと踏んでのことでしょう（笑）。

Pattern 5

仕事運

仕事運を高めるにはまず、
仕事に取り組む意欲を高めることが先決です。
やる氣を引き出すきっかけとして、
花の持ついきいきとしたイメージや色は大変効果的。
また、今日という日をリセットして、
明日への活力を蓄える意味でも、
大きなパワーを与えてくれます。

使用した花

- ニゲラ
- 矢車草

使用した花器

- 黒い陶製の平皿

フラワーアレンジの仕方

ニゲラと矢車草の茎を１、２ｃｍくらい残してカットし、１輪用のミニ剣山にさしておきます。黒い平皿に波の形をつくるように、ニゲラと矢車草を交互に置いていきます。花が皿の端から端まで届いたら、花に沿って白い石を敷き詰め、お皿に水を張ります。花器の黒と石の白のコントラストで花がいっそうひきたちます。

仕事運アップのフラワー風水
アレンジメント例

仕事運をアップするフラワー風水の基本

花色

● 紫　● 黒　● 濃い青

青は自然界の空や海の色。緊張やストレスも和らげてくれます。紫は品格や自尊心を高め、黒はさまざまな色を引き立てるパワーがあります。

花器の形・色・材質

● 長方形　● 黒（濃いグレー）

● 陶製

五行の「水」の色である黒色を花器に取り入れることで、水の現象を強化して、色のパワーが仕事運を呼び込むなど、相乗効果を生み出します。

フラワーアレンジの形

● 波形

「水」の氣を有効的に取り入れるには、「水」の形である波形にまとめるのがGOOD！　たまには花器に生けるアレンジメントではなく、お手持ちの平皿を利用して、自由な発想のアレンジメントを楽しんでみては。

運氣を高める方位

【北】

風水の技法のひとつ「玄空八卦法」では、仕事運を向上させるのに北を使います。

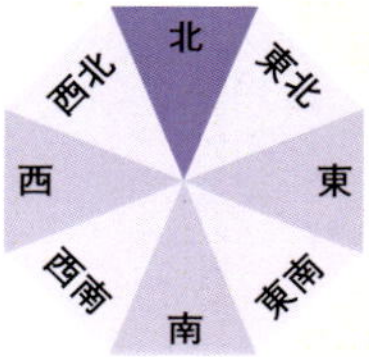

仕事運を引き寄せる花

ニゲラ

豊かな花びらを持つニゲラ。その神秘的な容姿を眺めているだけで癒され、心が穏やかになってきます。

矢車草

ドイツの国花でもあり、昔から親しまれてきた花。疲れ目の目薬、強壮剤などとしても効能があるそうです。

トルコキキョウ

花の縁だけ紫色をしており、見るとホッとするような鎮静効果があります。明日への英氣を養う効果も。

仕事運を高めるラッキーアドバイス

生活の土台づくりには、仕事に恵まれることが第一。
仕事に恵まれれば、おのずと金運もついてきます。ちょっとした心がけと
ラッキーアイテムが、仕事に必要な能力を高める運氣を引き寄せてくれます。

Case 1 仕事へのやる気を高めたい

★ラッキーアイテム

「ローズマリー」

「聖母マリアのバラ」という意味合いで名づけられているローズマリーは、恋の成就法に数多く登場し、神秘のハーブとしてもよく知られています。さらに学問を象徴し、記憶力を上げる神聖な植物でもあります。信頼と誠実を表すローズマリーを育てることで、自ら心を癒し、ストレスを解消し、仕事へのやる気もわいてきて、職場での信頼も深めてくれます。

育てたローズマリーは香辛料として料理に使ったり、数本を束ねて浴槽に入れてみてください。少しずつ、自分に自信が持てるようになってきます。

Case 2 上司からの引き立てを得るには

★ラッキーアイテム

「ベンドオーバーオイル」

ベンドオーバーは、〝自分のことを何でも聞いてくれる〟という不思議なオイル。このオイルをそっと手に塗り、機会があれば上司と握手をしてみてください。上司はあなたを引き立て、サポートしてくれるようになるでしょう。

また、自分の波動に合ったブラックオパールを身につけても良いでしょう。ブラックオパールは出世の石ともいわれ、持つと深い洞察力をもたらすとされます。自然と周囲の徳望を得、皆から引き立てられ、昇進を果たします。

仕事運UP　花曼荼羅®体験談

花曼荼羅®のエネルギーで夢のサロンオーナーに

深津美穂（心理カウンセラー）

潜在意識を専門とするカウンセリング業を開業して10年。当初は、心理学は心と行動の学問で科学的な手法によって研究されているものであり、スピリチュアルや占いとは一線を画すようにしておりました。そうして活動していた時は、実績はあるものの常に何かが足りない感覚でした。

そんな時に出会ったのが、花曼荼羅®。

花曼荼羅®を塗る事で四大元素の「エネルギー」を生活や仕事に取り入れたところ、人生が劇的に好転しました。

当時の夢のひとつがサロンを持つ事。

どんなサロンにしたいのか、潜在意識からの願いを明確にして、花曼荼羅®に願いをかけて塗り絵をしたところ、翌日に物件が決まり夢のサロンオーナーになりました。大家さんの負担で自分好みにリノベーション、外壁工事をしていただくというミラクル付き。

花曼荼羅®を飾りエネルギーを整えたサロンは「いるだけで癒される」とクライアント様たちからも大好評です。

それに伴い業績も大幅アップしております。気が付けば思考が現実化し、ほぼ思い通りの人生になっています。

精神面、物質面ともに「願うことはすべて叶う！」と言っても過言ではない現状を花曼荼羅®で手に入れました。

Pattern 6

人間関係運

人間関係のバランスが崩れてくるのは、
氣の流れが滞ることが原因。
そんな悪い流れをリセットして、
いい流れをつくることが改善のポイントです。
いい氣を吸収し、悪い氣を放出して、廻らせる。
そんなフラワー風水が、
よりよい人間関係をつくり、
それを保つための運氣を高めます。

使用した花

- マーガレット
- ピンポンマム
- レモンリーフ

使用した花器

- 白い陶製の平皿

フラワーアレンジの仕方

クリスマスリースをつくる要領で、オアシスのリースにマーガレットをさし込んでいきます。マーガレットの間に、少し高さをつけながらピンポンマムをさしていき、最後にバランスをとりながらレモンリーフをさしてボリューム感を出します。仕上がったら、丸い皿に置きましょう。

人間関係運アップのフラワー風水
アレンジメント例

人間関係運をアップするフラワー風水の基本

花色

●白 ●緑

白には浄化する力があります。また、ほかの色と組み合わせた場合、その色の持つパワーを引き立てる効果もあります。

花器の形・色・材質

●丸（オアシスのリース）

●白い陶製の平皿

リースの形をしたオアシスが売られています。大きめのバケツにたっぷり水を入れてオアシスを浮かべ、自然に沈んで水をたっぷり含んだら準備完了。大体20分位が目安です。

フラワーアレンジの形

●丸（リース）

五行の「金」の形である丸い形に仕上げることで、「金」の現象を強化して人間関係を潤滑にして、人間関係を丸く、よい方向に向かわせてくれます。

運氣を高める方位

［西北］

風水の技法のひとつ「玄空八卦法」では、人間関係運を向上させるのに西北を使います。この方位に形状の丸い花や、全体を球の形にアレンジしたものを置くと開運の効果を高めます。

人間関係運を引き寄せる花

マーガレット

人との縁を正常化し、人間関係から生じるストレスを緩和する作用があります。

ピンポンマム

花言葉は「真実」。香りは血をサラサラにする作用があり、のぼせを鎮めて毒気を消す効果があります。

ガーデニア

ガーデニア（くちなし）の甘い香りは、ストレスからくる神経疲労を和らげてくれます。

人間関係運を高めるラッキーアドバイス

よりよい人間関係をつくるには、人に対する気遣いや思いやりの心が大切です。“まずは自分から……”という気持ちを持つためのアイテムや色をご紹介。ふだんの生活に取り入れてみましょう。

Case 1 友だちづき合いを心地よく保つには

★ラッキーアイテム

「バースデーフラワー風水」

自分の誕生日を覚えていてもらうと、なんとなくうれしいもの。大切な友だちに「おめでとう」と一言メッセージを添えて、フラワー風水を贈りましょう。人は自分に関心を寄せてくれる人に好感を持ちますので、友だちづき合いもいい状態に保たれます。

このフラワー風水は、誕生月に書かれた色であなたの好きな花をプレゼントするだけ。7月生まれの友だちなら、「この花の色は7月生まれの人をパワーアップさせる力があるんだよ」と教えてあげると喜ばれますよ。

1月・4月・7月・10月生まれ >>>	黄色やオレンジ系の花
2月・3月生まれ >>>	グリーン系の花
5月・6月生まれ >>>	赤やピンク系の花
8月・9月生まれ >>>	白い花
11月・12月生まれ >>>	紫の花

Case 2 いい人脈を広げたい

★ラッキーアイテム

「マグネタイト」

マグネタイトには、マグネットのようにを引き寄せるパワーがあるといわれています。ただ、好ましくないものを引き寄せることもあるので、自分がどのように人脈を広げたいのかを明確にしておきましょう。たとえば仕事上のパートナーを探すなら、「よきパ

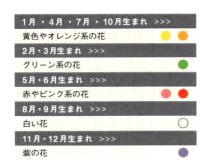

ートナーに出会えますように」とするより、「自分の苦手なＰＣが得意で、ホームページ作成のスキルがある人と出会えますように」という具合。

　その願いを白い紙に書き出して、マグネタイトと一緒に小さな袋の中に入れて持ち歩きます。すると、望む人に出会う確率がグンと高まります。

Case 3 人間関係のトラブルを避けたい

★ラッキーアイテム

「パライバトルマリン」


　人間関係が上手くいかない原因はコミュニケーションにあるかもしれませんが、気がつかないうちにマイナスを受けてしまっている可能性があります。

　特に敏感な人は他の人のエネルギーと同化しやすかったりするので、その蓄積されたエネルギーが原因でトラブルを招いてしまっているかも。

　でも、困った事に本人には自覚がないのがほとんどです。そんな時は、ロードライトガーネットやパライバトルマリンが役にたちます。

　左の手の平に宝石を乗せて目をつぶってしばらくゆったりしてみましょう。

　宝石のエネルギーが全身を巡ってマイナスエネルギーが取り除かれていきます。

Column

宝石フィッティング・開運エピソード

燃え尽き症候群からの脱出をサポートした宝石

K.K(40代男性　デザイナー)

数年前から燃え尽き症候群のようになり、慢性疲労が取れず、気力も出ない状態に陥りました。それを何とか改善したいと思い、たどり着いたのが「宝石のエネルギー」です。フィッティングで出てきたのは、マイナスエネルギーをブロックしたり、取ってくれる効能があるパライバトルマリン。自分ではわからないのですが、私がこの宝石を持つと体に溜まったマイナスエネルギーが出て行っているとのことでした。

宝石を購入した夜に、気がつくと身体が軽くなっていることを感じました。それから数日後には、今度は気持ちも楽になってきて、それまでは「なんとか前向きになろう。がんばって前向きにならなきゃ」と思っていたのが、自然と前向きな気持ちが湧いてきたのです！

Pattern 7

家庭運

お花を絶やさないライフスタイルはステキですよね。とくに家庭に和を保ちたいという場合は、人の集まる場所に花を飾るのが効果的です。フラワー風水は、お互いの心を引きつけ、家族の結束を固め、コミュニケーションを生み出し、笑いを誘うパワーを与えてくれます。

使用した花

- ガーベラ
- カーネーション

使用した花器

- キューブ型の陶製

フラワーアレンジの仕方

キューブ型の花器にオアシスを入れ、ガーベラを四隅と真ん中に５輪、低めにきゅっとさし込みます。次にガーベラの間を埋める形で、カーネーションをさし込んでいきます。上から見ると、花がスクエアな模様をつくるようにします。仕上げに、花の上を舞うようにアイビーをあしらいます。

家庭運アップのフラワー風水アレンジメント例

家庭運をアップするフラワー風水の基本

花色

●黄色

楽しさを演出し、心を豊かにしてくれる色。黄色の花はまわりに陽の氣を放出するので、そこにいる人の心を明るくします。

花器の形・色・材質

●四角

●茶色　●陶製

五行の「土」の材質である陶製の花器を取り入れることで、土の現象を強化して、形、色、材質の相乗効果で、家庭運がパワーアップします。

フラワーアレンジの形

●四角（スクエア）

家庭運を最大限に引き出してくれる「土」のパワーを得るには、スクエアのアレンジが効果的。四角い花器に低めに花をアレンジするだけでできあがります。

運氣を高める方位

【西南】

大地の氣を表す方位です。結婚運でも西南を使いましたが、結婚生活の延長線上に家庭があることから、同じ方位を用います。

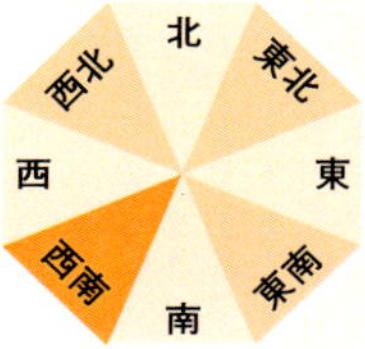

家庭運を引き寄せる花

ガーベラ

強い陽の氣を持ち、放射状に広がる長い花びらには、人とのつながりを強くする作用もあります。

カーネーション

昔は毒素を排出して、熱を下げるために使われていたそう。高ぶった氣を鎮める役割もあります。

ひまわり

陽の氣を持ち、強い生氣を放出します。家庭の中にたまった陰の氣を吹き飛ばして、明るさをふりまきます。

Pattern 8

健康運

病氣という
わけではないけれど、
なんとなく調子が悪い——。
そんな人が増えています。
それは体の中のパワーがダウンしている証拠。
活力を失った体に氣を送り、元氣を取り戻すのも、
フラワー風水が得意とするところ。
なるべく身近なところに置いて、
花の氣をシャワーのように浴びてください。

使用した花

- シンビジウム
- 葉物

使用した花器

- 木製で細身のもの

フラワーアレンジの仕方

背の高いシンビジウムの特徴を生かして、背の高い花器にざっくり生け込みましょう。茎の高さは花器の1.5倍くらいにするのが目安です。インパクトのあるシンビジウムを1本花器に生けて、それ以外はまっすぐ伸びた細長いグリーンを添えます。

健康運アップのフラワー風水
アレンジメント例

健康運をアップするフラワー風水の基本

花色

●緑　●青

青には心身をクールダウンし、リラックスさせる効果があります。また緑には空気を清浄にし、安眠を誘って疲れを癒す作用があります。

花器の形・色・材質

●長方形

●ナチュラル　●木製

まっすぐ上に向かってスーッと伸びる形をつくります。健康運を高め上昇するイメージをしてつくるのがポイント。

フラワーアレンジの形

●細長い

五行の「木」の形である長方形（または細長い形）で木製の花器に生けることで、「木」の成長や伸びるパワーを強化して、健康運を高めます。

運氣を高める方位

【東　または　寝室】

風水の技法に八方位を利用して運氣を上げる方法があります。この方法では、健康運の向上に東を使いますが、寝ている間に花のパワーをもらえるよう、寝室に置くのもおすすめです。

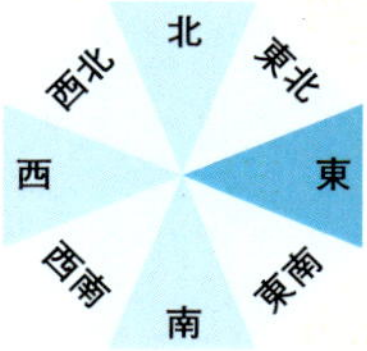

健康運を引き寄せる花

シンビジウム

蘭の花を近くに置くと、アイデアやひらめきが起こりやすくなることから、霊性の高い花といわれています。

クリスマスローズ

昔から魔よけの花としても用いられていました。ヒステリーや不安感などを癒す作用も。

アイリス

アイリスは悩みごと、心配事がある心を癒してくれるほか、不眠症や目の疲れにも効果的です。

Pattern 9

メンタル運

心が疲れてしまったとき、
ネガティブな想いに支配されてしまったとき。
花はそっと寄り添い、よどんだ氣を排出して、
浄化してくれます。
フラワー風水の氣によって心を
ニュートラルな状態にリセットすれば、
明るくて前向きな氣がどんどん入ってきます。

使用した花

- カモミール
- ラベンダー

使用した花器

- キューブ型の透明ガラス製

フラワーアレンジの仕方

カモミールは葉にボリュームがあるので、それを生かしてさっくりと生けます。まず、あらかじめカモミールをラウンドの形にまとめておき、そのまま花器に無造作に入れます。花器の縁から葉がこぼれるくらいに入れるのがポイント。そこへさらに、バランスをみながらラベンダーをさし込んでいきます。野に咲く花のようにナチュラルにまとめましょう。

メンタル運アップのフラワー風水
アレンジメント例

メンタル運をアップするフラワー風水の基本

花色

●白　●紫

白には浄化するパワーがあり、紫には心を鎮めてリラックスさせる作用があります。２色を組み合わせて使うと、心身を内側から元氣にしてくれます。

花器の形・色・材質

●四角

●透明　●ガラス製

曇りのない透明なガラスは、心を落ち着かせて気分をクリアに導いてくれます。地をあらわす四角いガラスの花器を取り入れることで、メンタル運を高めます。

フラワーアレンジの形

●丸　●球

ボリューム感を出して、花器の縁からあふれているかのようにこんもりとした感じにまとめるのがコツです。

運氣を高める方位

[東]

八方位を利用して運氣を上げる方法では、健康運を向上させるのに東を使いましたが、健康の延長線上にメンタルがあることから、同じように東を使います。

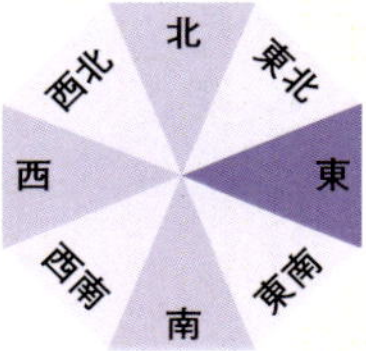

メンタル運を引き寄せる花

カモミール

落ち込んだ気分を楽にさせる力が。芳香には不安や緊張を鎮めて、リラックスさせる作用があります。

ラベンダー

溜め込んだ感情を解放し、氣の流れを滑らかにして心を鎮めます。芳香には張り詰めた神経を鎮める作用も。

スズラン

幸福のシンボル、スズラン。その甘い香りは心を穏やかにしてイライラを解消してくれる作用があります。

家庭運・健康運・メンタル運を高めるラッキーアドバイス

家庭運、健康運、メンタル運を高めるには、まず、何気ない日常生活を心地よくすることが大前提です。当たり前のことが当たり前にできるようになる、そんなラッキーアイテムやアイデアをご紹介します。

Case 家庭運

家族全員が円満に過ごすには

★ラッキーアイテム

「松の枝」

部屋のエネルギーがよどんでいると、家族円満を妨げる原因になります。そんなよどんだエネルギーを追い払うには、松の枝を使った方法がおすすめ。まず、部屋に精製されていない塩を適度にばら撒きます。葉がついている松の枝を用意し、それを使って部屋の奥から入口に向かって塩を掃いていきます。別の枝で、人の体をサッと祓います。すると、部屋も体も浄化され、なんとなく気持ちがよくなり、家庭内のいざこざも少なくなります。使った松の枝は、燃やすか、海に流して処分してください。

Case 健康運

疲れにくい体になって毎日を気持ちよく過ごしたい

★ラッキーアイテム

「ムーンストーン」

疲れにくい体をつくるには、十分な睡眠をとることが大切です。よく眠れない人は、ムーンストーンを枕元に置くといいでしょう。質のいい眠りが得られ、悪夢も見なくなります。胃潰瘍などの炎症を抑える作用もあります。また、バスタブに塩を入れたお風呂に浸かると、心と体を浄化してくれます。

ムーンストーンは自分の波長に合ったものを持つことをおすすめします。

Case
メンタル運

落ち込みから早く立ち直りたい

★ラッキーアイテム
「ペパーミント」

ミントの名前は「思考」を意味するラテン語に由来し、古くから脳を心地よく刺激する効能が知られ、落ち込みから立ち直らせる作用があるとされています。

まず、沸かした熱湯にペパーミントの葉を5～10枚と岩塩を入れ、10分ほどそのままにしておきます。そのお湯をフットバスに入れ、ペパーミントの精油を5滴たらします。

フットバスに浸かりながら、ハーブティを飲みましょう。お湯を入れたマグカップに、ペパーミントの葉を4、5枚入れ、3分ほどそのままにしておけば簡単にできあがります。ネガティブなエネルギーが出ていき、生氣がみなぎってきます。

Column

開運エピソード

波動に合った宝石の選び方

宝石を左手の上に載せてみてエネルギーを感じてみてください。左手に載せるのはエネルギーは左手から入って右手に抜ける特徴があるからです。波動があった宝石と出会ったときには、瞬間でビビっと感じるものがあったり、気持ちよくなったり、宝石が触れている部分が熱く感じたりしてきます。また、頭上に螺旋状にエネルギーが動くのを感じる人もいます。手の平に少しでも感じることができたら、波動があっている可能性が高いです。

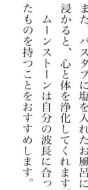

フラワーアレンジ
基本レッスン

切り花を長持ちさせるテクニック

フラワー風水を美しく長持ちさせるために、アレンジする前に「水揚げ」をしましょう。

水揚げとは、水を吸い上げる茎の導管の通りをよくする作業のこと。

というのも、茎の切り口が空気に触れると導管から空気が入ってしまい、
水を吸い上げられなくなってしまうのです。

そうならないために水揚げを行い、吸水力を高めます。

水揚げテクニック❶「水切り」

1 バケツなどに水を張ります。

2 花の茎を水に浸け、空気に触れないよう注意しながら、茎の先を斜めに切ります。茎の吸水口の表面積が広がり、吸水力がアップします。

3 茎を水に浸けたまま数時間おいておきます。

水揚げテクニック❷「深水」

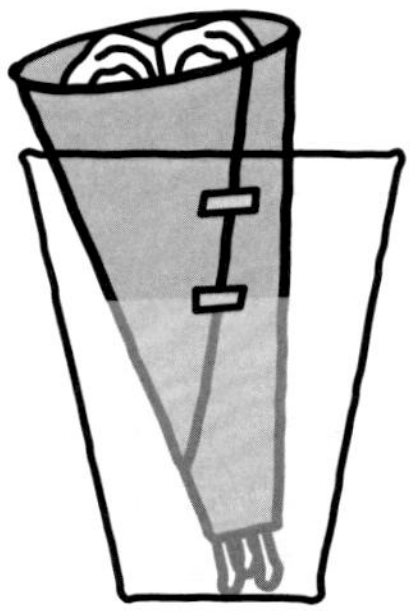

1 深さのある容器にたっぷり水を張ります。

2 花全体がすっぽり隠れるように新聞紙で包み、花首や茎が垂れないようにします。

3 茎の先を水切りしたあと、❶の容器に花を浸け、数時間おいておきます。

失敗しないアレンジテクニック

フラワー風水では、アレンジ後の花全体の形も大切な要素です。
思い通りの形にアレンジするためのコツをご紹介します。

アレンジテクニック❶「オアシス（吸水スポンジ）」

1 オアシス（吸水スポンジ）は花屋さんに売られています。いろいろな形があるので、アレンジに応じて選びましょう。

2 水を張ったバケツにオアシスを沈め、30分ほど吸水します。

3 オアシスを取り出し、水を切ります。

4 花器の大きさやアレンジに合わせて、オアシスをカットし、花器に入れて花をさしていきます。

アレンジテクニック❷「小ぶりな花器」

オアシスを使わないフラワーアレンジでは、花が動きやすくなります。最初は、小さめの花器やさし口の小さな花器を選ぶといいでしょう。

アレンジテクニック❸「ミニブーケ」

花を買う際、花屋さんに頼んでつくりたい形のミニブーケにアレンジしてもらいましょう。帰ってきたら、そのまま花器にさせばOKです。

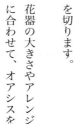

願いを叶える

フラワー風水Q&A

*01 Q 五行のフラワー風水と開運別のフラワー風水を同時に飾っておいても大丈夫なの？

A 大丈夫です。目的の違うフラワー風水を複数飾ったからといって、お互いのパワーに悪い影響を与えるなんてことはまったくありません。むしろ、たくさん飾れば飾るほど、フラワー風水の花のパワーをもらえます。

*02 Q 使いたい花が手に入らない場合はどうしたらいい？

A 花色によっては見つけにくいものがありますし、花そのものが少ない季節もありますよね。開運別におすすめの花をリストアップしていますが、「この花でなければ効果がない」ということはありません。花屋さんなどで「これ、かわいい!」と感じたインスピレーションで決めるのもＧＯＯＤです。

*03 Q フラワー風水で大切なのは色？それとも形？

A 「色」と「形」と両方です。古来より、両者は物事を生じさせるためにあらゆる方法で用いられてきました。「色」と「形」の組み合わせが生み出すパワーが、フラワー風水の原点といえます。その２つに、飾る「方位」も大切な要素になります。

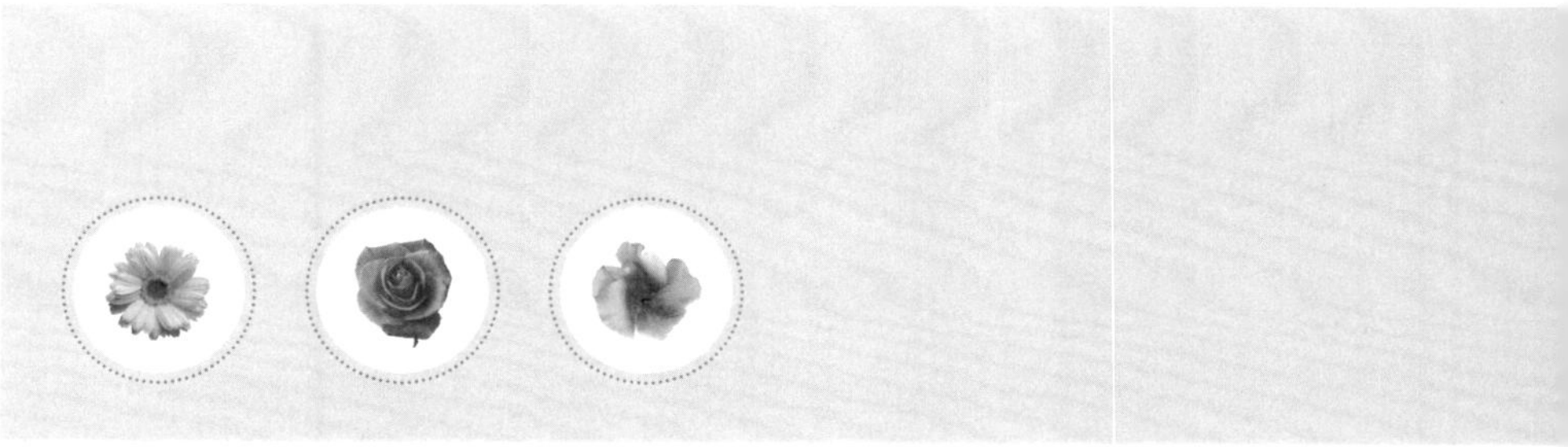

＊04 Q フラワー風水で これだけはＮＧってことはあるの？

A フラワー風水に限ったことではありませんが、人の不幸を願ったり、何か悪いことを実現させるための方法として、フラワー風水の技法を用いないでください。負の願いごとはパワーが強く、思ってもみない結果を招いてしまう可能性があります。

＊05 Q 願いを叶える効果を高める フラワー風水のつくり方のコツは？

A 「想い」は「形」をつくります。自分の想いを明確に持ちながら、フラワー風水をつくりましょう。次は、想いと同じ行動を起こすことです。たとえば、「恋人がほしい」と願っているなら、フラワー風水の氣に勇氣を得ながら、出会いを求めて外に出かけることが大切。行動を起こしたことが、真の幸運を引き寄せてくれますよ。

＊06 Q 花を長持ちさせる方法は？ また花が枯れてしまったあとはどうすればいい？

A まずは、こまめに水を取り替えましょう。花瓶をきれいに保つことも大切。花は水に浸かっているところから傷んできます。茎の先の変色した部分を少しずつ切ってください。また、葉も腐りやすいので、水に浸かる部分の葉は取ってしまいましょう。
枯れてしまった花は、「ありがとう」とお礼を言ってから、ふつうに片付ければＯＫです。

*07 Q フラワー風水を自分の好きな花でつくってもいいですか？

A もちろんです！　自分の好きな花でつくると、自分と波長が合っているので、いい氣をたくさんもらうことができますよ。

*08 Q 1輪だけ飾るというのはダメですか？ちゃんとアレンジしないと効果がないの？

A フラワー風水において「絶対にダメ」ということはありません。1輪でもまったく心配はいりません。ただ、本数が多ければそれだけ植物のパワーが倍増することや、フラワー風水で大切な「形」をつくりやすいというメリットはあります。

*09 Q 指定されたような花器が見つからないときは、どんなもので代用すればいい？

A 指定された花器でなくてもまったく心配はいりません。ただ、指定の花器を使えば、フラワー風水にとって大切な「五行のパワー」を取り入れやすくなります。

*10 Q 2種類の花を使ってアレンジしたとき、片方の花は元氣でも、もう片方の花がしおれてきてしまったような場合はどうしたらいいの？

A しおれてきてしまった花は、風水的にはあまりよくないので、「ありがとう」とお礼を言って片付けましょう。残りの花はそのまま楽しんでくださいね。

Lesson
3

願いを叶える フラワー風水の飾り方

自分らしくあるためのパワーを与えてくれる
五行のフラワー風水。
願いを叶えるためのサポートをしてくれる開運別のフラワー風水。
あなただけのフラワーアレンジができあがったら、
次は運氣を上げる場所に飾りましょう。
家の中にいい氣を招き、
運氣をパワーアップさせる飾り方についてご紹介します。

方位の出し方の例

家の中心の取り方

建物に凹凸がある場合

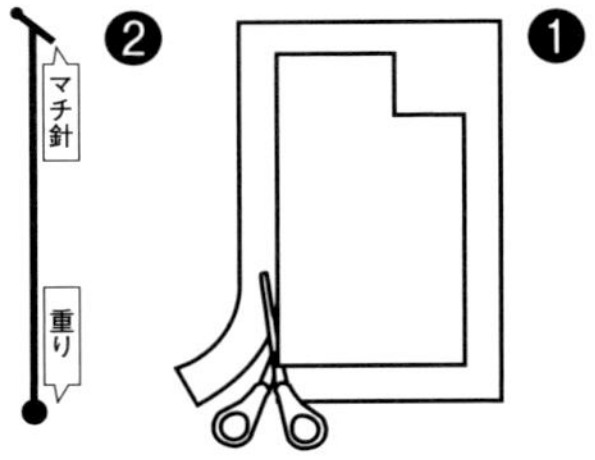

建物に凹凸がない場合

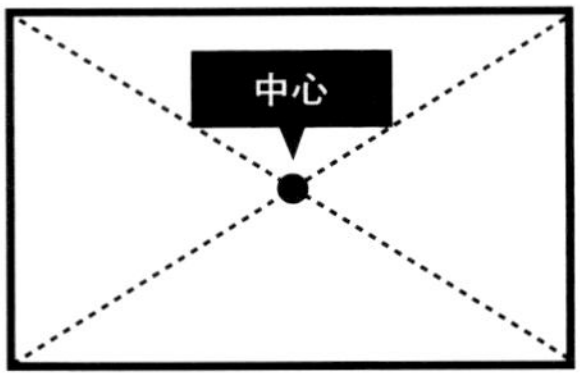

対角線が交わったところが中心

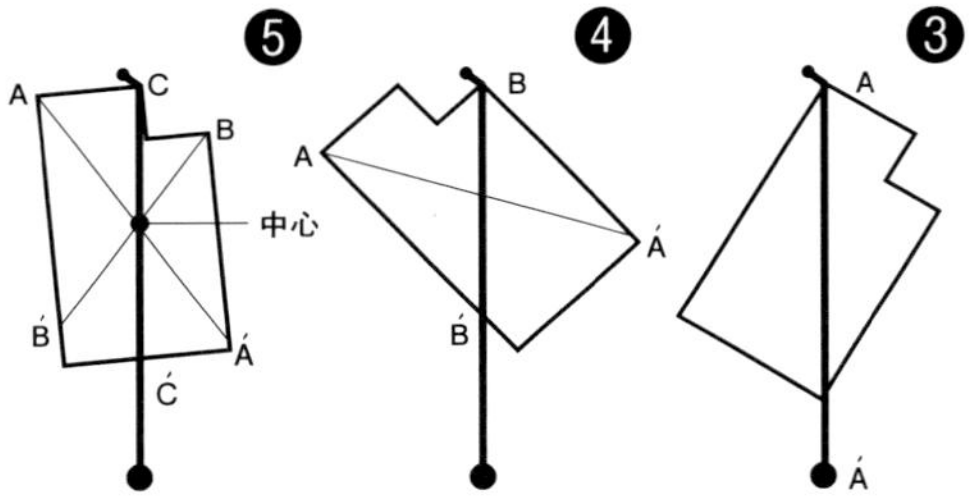

❶まず、厚紙、はさみ、マチ針、糸、重りを用意。次に厚紙に建物の図面を描くかコピーして、図面どおりに切り取る
❷マチ針に糸を結びつけ、その先に重りをつける
❸切り取った図面の角にマチ針を刺して吊り下げる
❹糸のラインを図面に書き込む
❺3つの角から書き込んだ線が交わった点が中心

家の中心を調べる

フラワー風水がそれぞれに持つ運氣やパワーを発揮するには、「どこに飾るか」がとても重要です。それには、家の方位を正確に把握する必要があります。

方位を調べるうえで必要となるのが、家の中心がどこかということ。方位は、家の中心を基点に割り出すからです。家の中心の取り方は、建物の形によっていくつかの方法があります。

凹凸のない正方形や長方形の場合は、対角線が交わったところが中心となります。

凹凸がある場合は、図面をつくって中心を取っていきます。方法はイラストを参照してください。

家の八方位

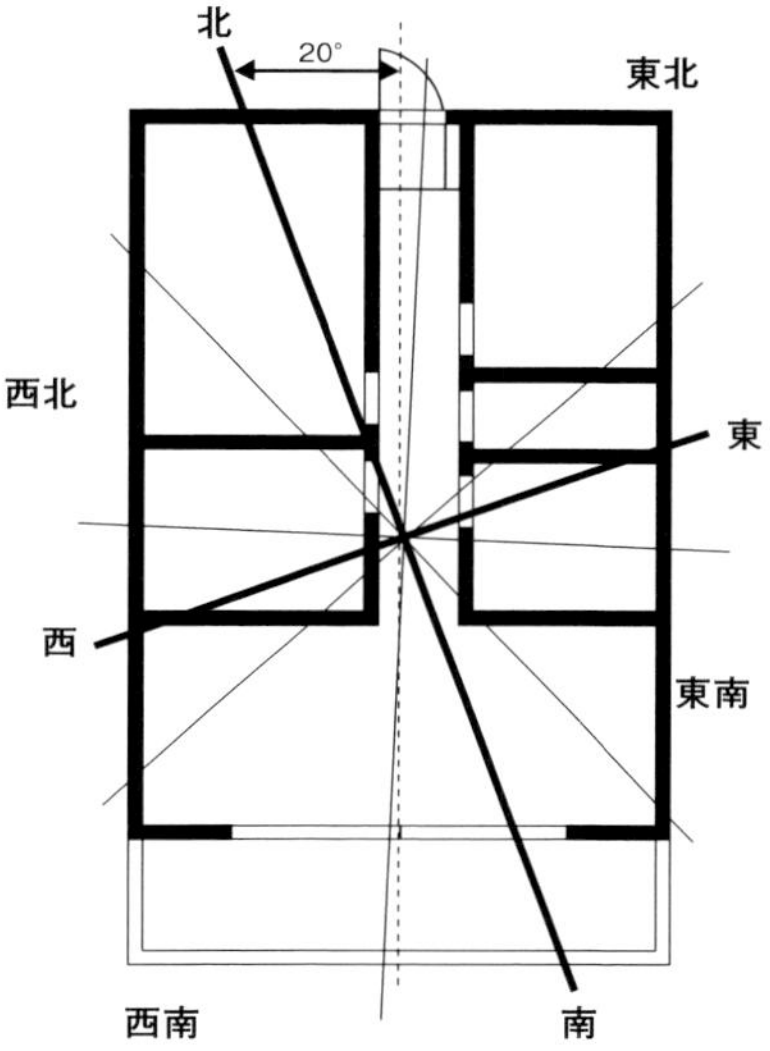

方位磁石でわかった20度を、家の図面の中心と玄関の向いている方向に合わせ、20度を基本軸にして八方位に区分する

八方位

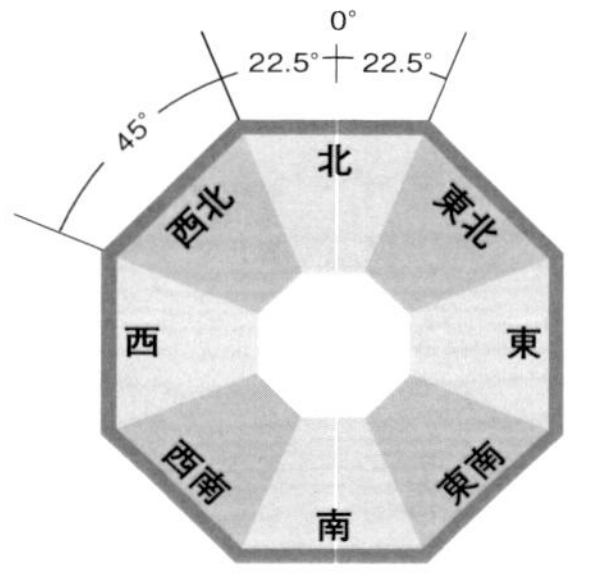

家相では東西南北を30度、東北、東南、西南、西北を60度として見ますが、風水では方位を45度ずつ均等に分ける

方位の出し方

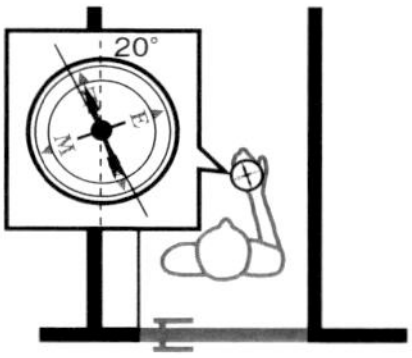

❶外に出て玄関を背にして、方位磁石を持つ
❷磁石の針を南北に合わせる
❸玄関の向きが磁石の針から見て、どの方位に入っているかを確かめる

家の方位を調べる

家の中心がわかったら、次は方位を調べていきましょう。方位は基本的に「八方位」を使います。「八方位」とは東・南・西・北・東北・東南・西南・西北のことで、風水では45度ずつ均等に分けます。

最初は家の方位を調べるのはむずかしいかもしれません。でも、「たぶん東はこっちの方」とか「西はこのへんかな」といったあいまいな感覚でフラワー風水を飾るのは、あなたの気持ちもしっくりこないのではないでしょうか。

できる限り正確な方位を出したうえで、納得できる場所にフラワー風水を飾るのがもっとも効果的です。

方位が持つ意味

玄空八卦法による「玄空八卦図」

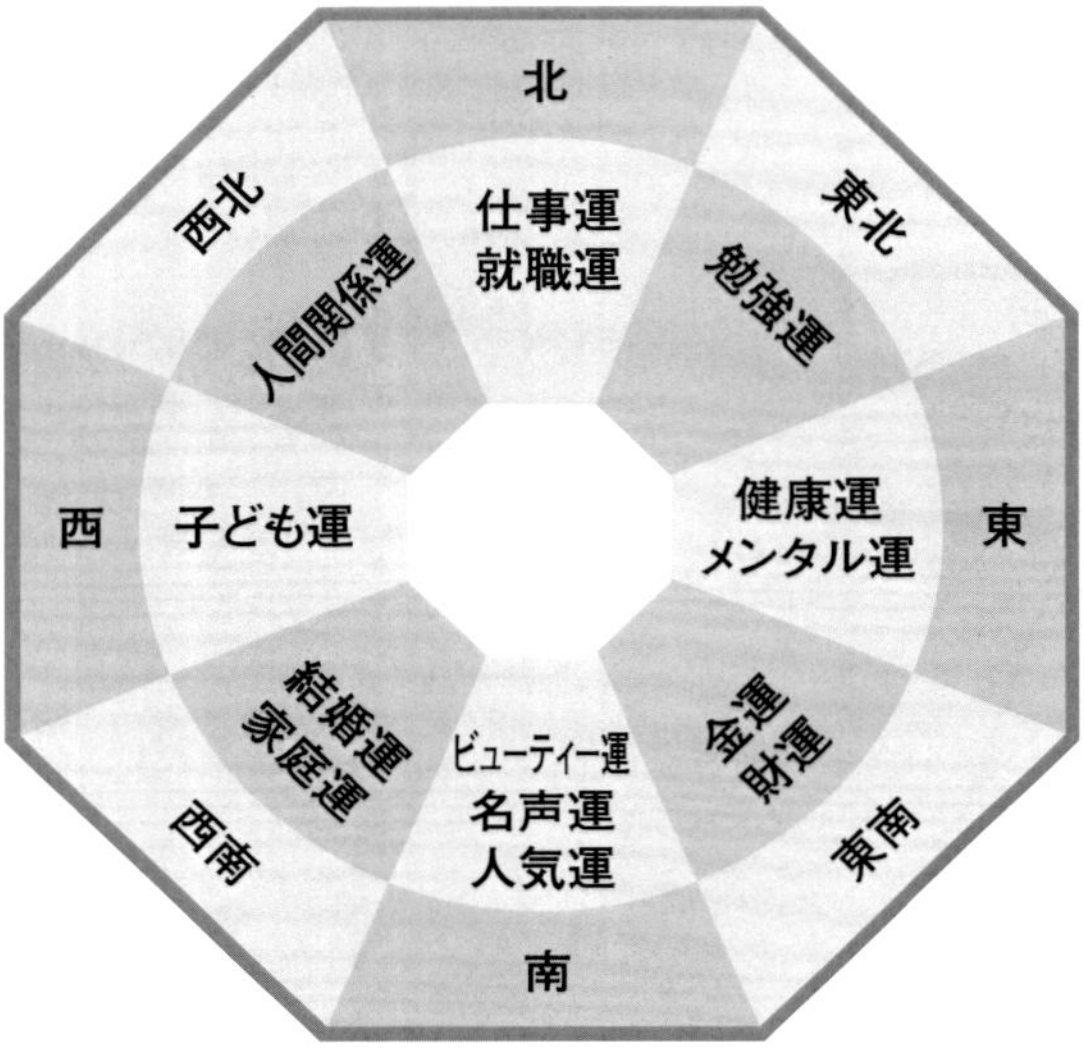

「玄空八卦法」：８つの易から方位の持つ意味を割り出す開運法。日本の家相に近いもので、北は仕事運、東は健康運というように方位を固定的に見て、運氣を上げる方法。

フラワー風水と方位の深い関係

レッスン1で、フラワー風水の役割は「天」と「地」をつなぐアンテナのようなものだとお話ししました。アンテナはどこに立ててもいいというわけではありません。「天」と「地」の氣をつないで大きなパワーを生み出すには、しかるべき場所に立てることが大切です。

そのしかるべき場所を探す手立てが、方位なのです。

フラワー風水で使う「八方位」は、「八卦」（自然界のあらゆる現象や事柄を8つに分けた易）と深い関係があり、方位それぞれに意味があります。たとえば東なら、

桃花法による「桃花方位」

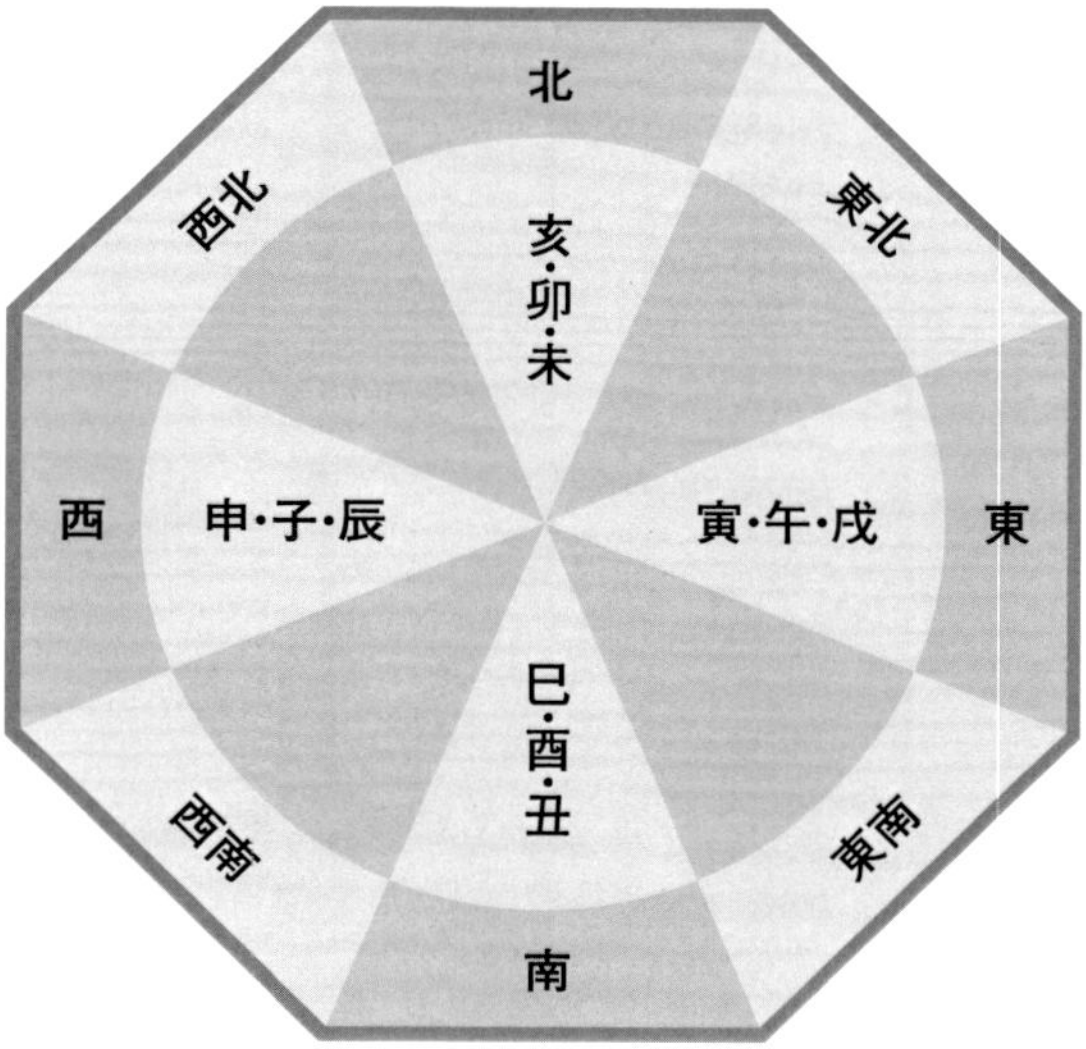

「桃花法」：干支によって割り出す恋愛運アップの方位。中国では桃花法に用いるアイテムとして、ピンクの花器にピンクの花を生けたものをおもに使う。

季節は「春」、色は「緑・青」、方位の持つ運氣は「健康運」。西南なら、季節は「初秋」、色は「黄・茶」、方位の持つ運氣は「結婚運」、といったように。

あなたに幸運をもたらす「五行別フラワー風水」も、願いを叶える「開運別フラワー風水」も、大きな効果を発揮する方位が存在します。

上に、「八卦」をもとにした風水を代表する開運法である「玄空八卦法」に基づいた方位と方位の持つ運氣、「桃花法」に基づいた恋愛運アップの方位についてまとめてみました。あなたがつくったフラワー風水を最大限に生かす方位をここでマスターしましょう。

［五行別］フラワー風水の飾り方

五行のフラワー風水を飾る場所

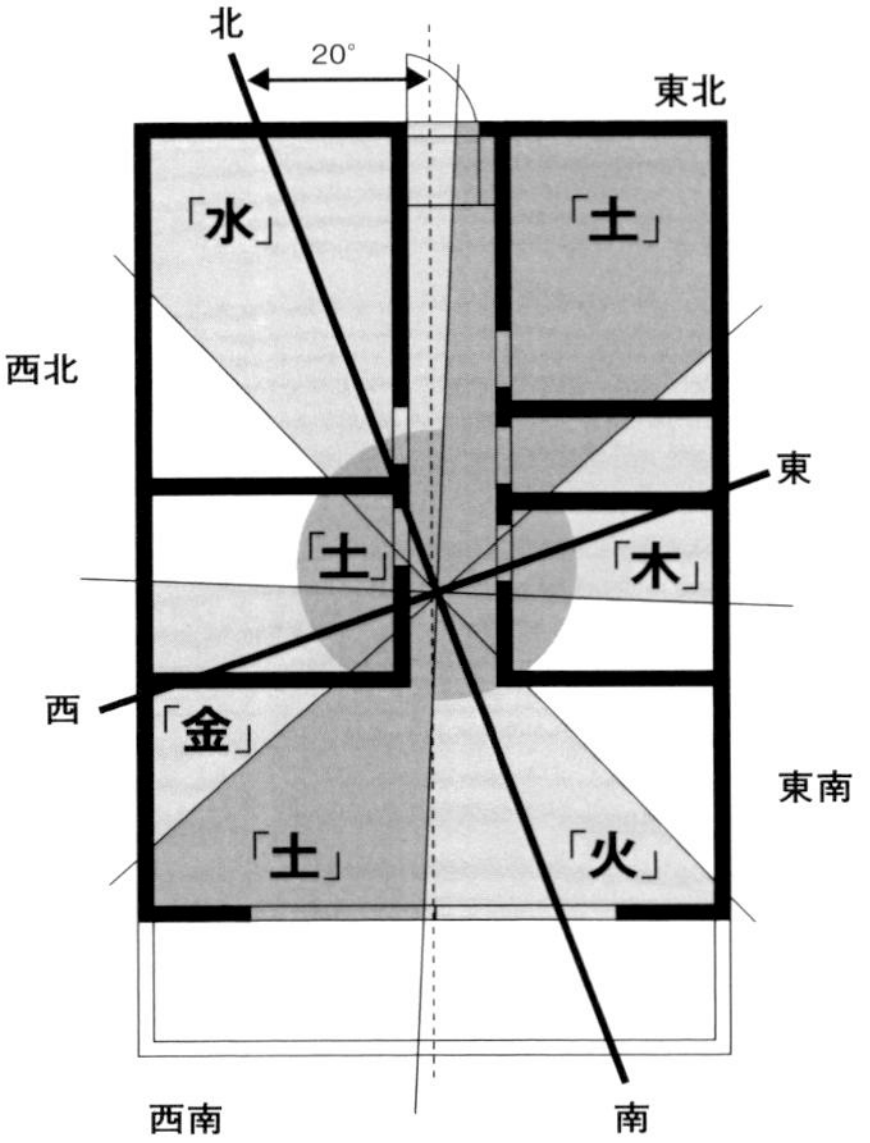

五行別フラワー風水では、自分の五行の方位に飾るのが基本。ただし、あまり方位にこだわらず、自分の好きな場所に飾っても効果が得られないということはありません。

自分の五行の方位に飾るのが基本

五行別フラワー風水は、その人の五行に対応する方位に飾るのが基本です。したがって、「木」の人は東、「火」は南、「土」は中央、「金」は西、「水」は北、ということになります。

「木・火・金・水」の人は、家の中心を基点にして、東西南北にあたるそれぞれ45度の範囲内に飾る場所を選びます。

「土」の中央は、家の中心付近か、あるいは「東北」「西南」でもOK。いずれの場合も、自分にとって「ここがいい」と思える場所に飾るのがベストです。

でも、自分の五行の方位に飾る

五行シート

土

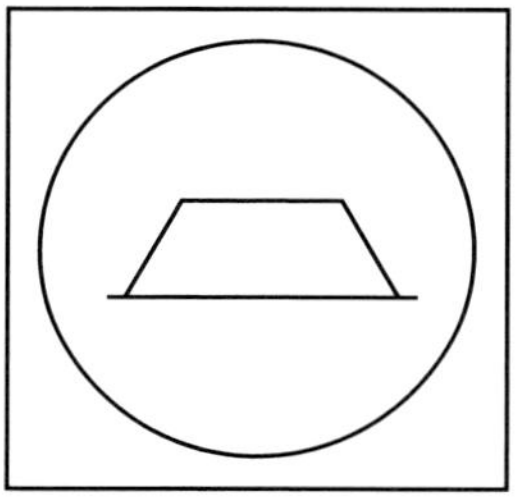

火

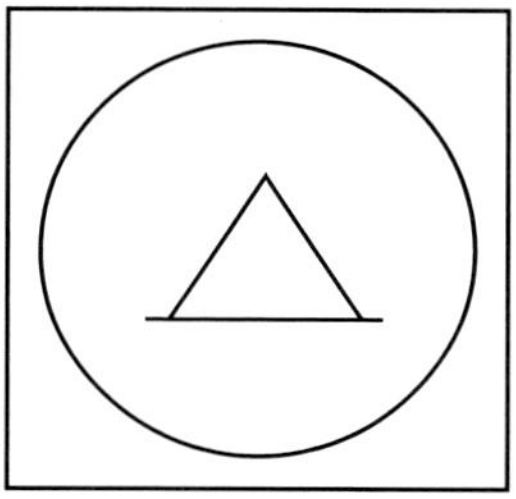

木

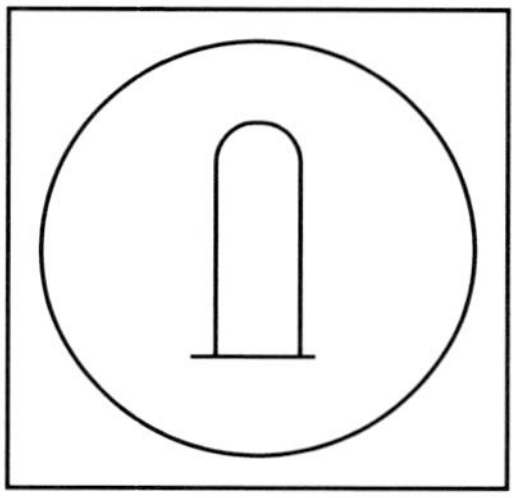

水

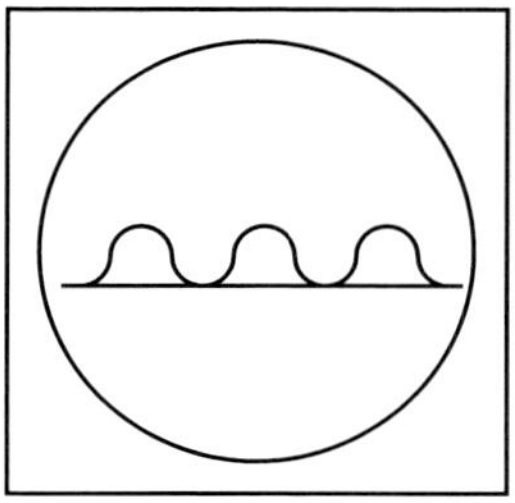

金

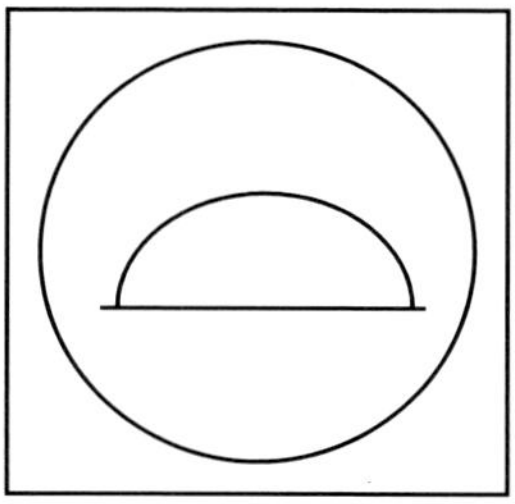

五行シートとは、各五行の要素を示す図形が描かれたカードで、飾る場所と共鳴し、氣を高める作用があります。フラワー風水の下に敷いて使うことで五行のエネルギーがパワーアップされ、方位にこだわることなく、好きな場所に飾ることができます。五行シートは図形の真上が「北」を向くように花器の下に敷くのがポイントです。

場所がないという人もいることでしょう。五行の方位に飾らなければ効果が得られないということはないので、自分が納得できる場所に飾れば問題はありません。

どうしても方位が気になるなら、上の「五行シート」を使ってみましょう。

五行シートは、五行のエネルギーをパワーアップさせる効果があるカードで、フラワー風水の下に敷いて使うと五行のエネルギーがさらに高まり、方位にこだわることなく好きな場所に飾ることができます。

五行シートは巻末付録についています。コピーして切り取り、使ってください。

【開運別】

フラワー風水の飾り方

飾り方ケース1

丑年生まれの人が恋愛運フラワー風水を飾る場合

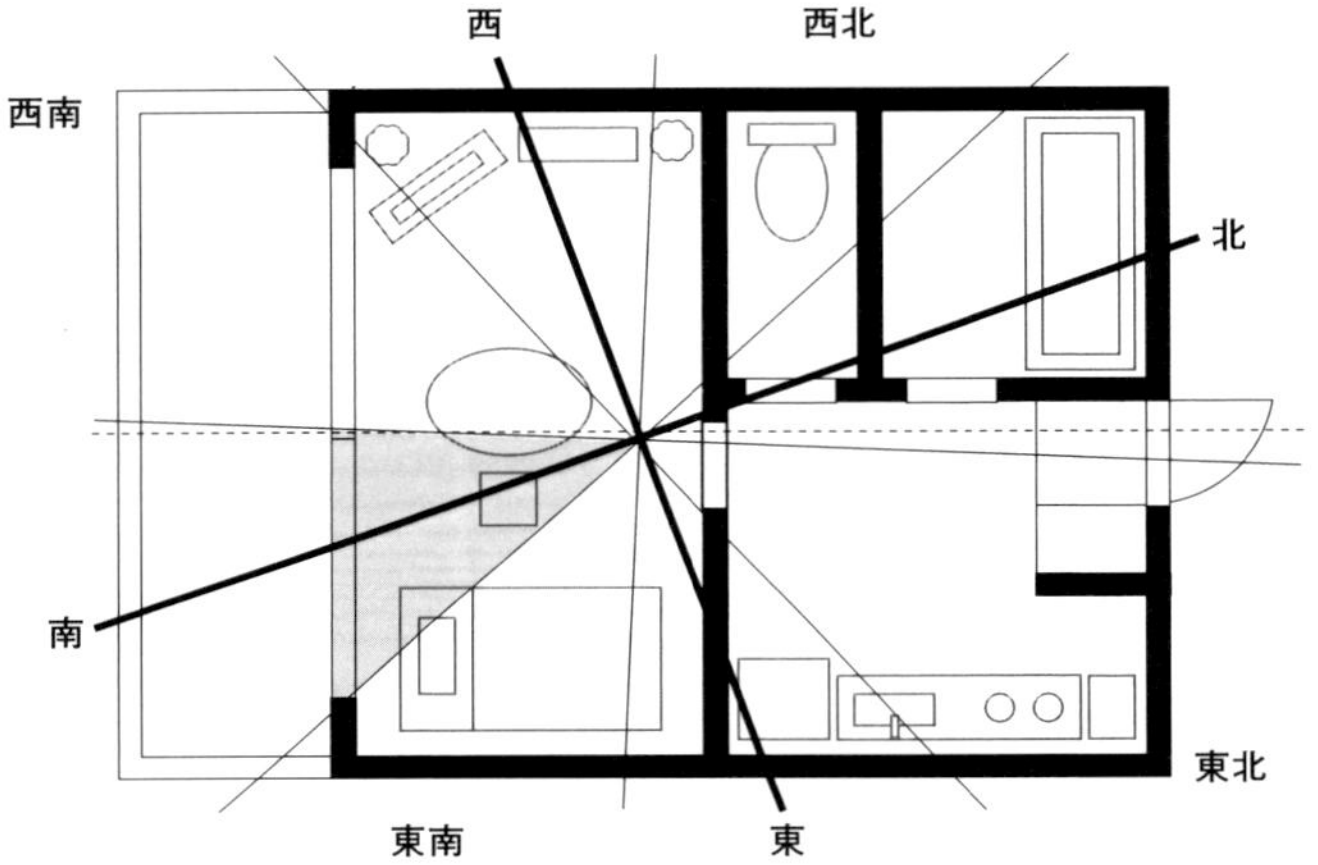

丑年生まれの人の恋愛運アップの方位は、桃花法で見ると南です。この間取りの例では、東南の方位にベッドを置いているので、サイドテーブルなどを利用してそこにフラワー風水を置いておけば、寝ているときでもその氣を吸収できますね。

願いを明確にして飾るのがポイント

開運別のフラワー風水の飾り方も、基本的には五行別と同じです。それぞれの運を高める方位にフラワー風水を飾ります。それぞれの方位45度の範囲内であれば、どこでもかまいません。

たとえば、飾りたい方位に階段があるという場合、階段の端に置いてもOK。L字型やコの字型に曲がっている階段なら、踊り場の端にちょっとしたデッドスペースがあるはず。そこに飾れば、角に滞りがちな氣を循環させる効果も加わります。

また、トイレやバスルーム、洗面所という場合でも、窓辺や棚な

飾り方
ケース
2

健康運フラワー風水を飾る適切な場所が見つからない場合

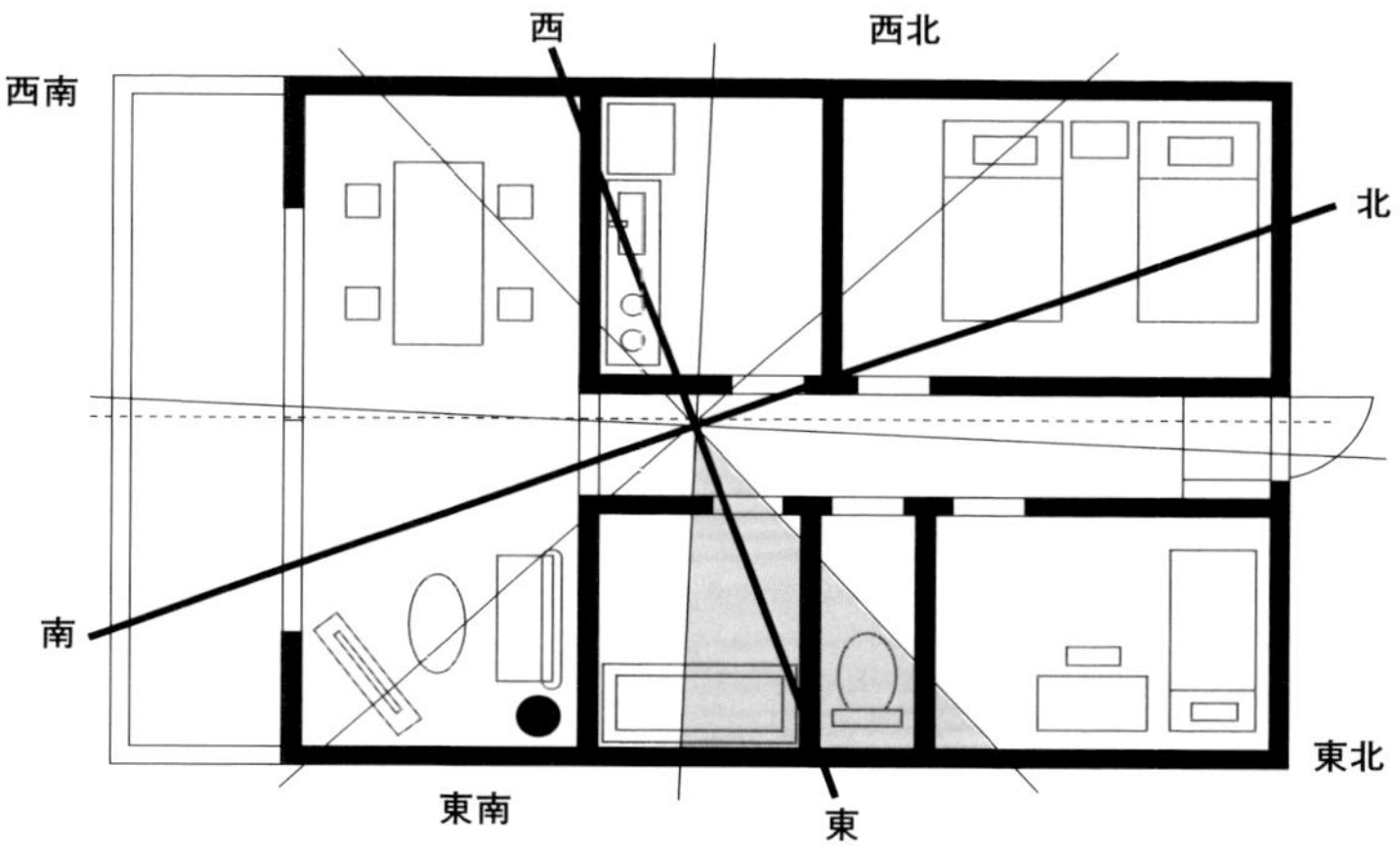

八角シートとは、いい運を引き寄せる強いパワーを持つカードです。そこに具体的な願いを書き込み、フラワー風水の花器の下に敷くことで、あなたの願いを叶えるパワーを大きく引き出してくれます。

玄空八卦法では、健康運アップの方位は東です。でも、この間取りではちょうどトイレ、バスルームにあたります。このように置く場所が確保できない場合は、直感でピンと来る場所に置きましょう。その時、願いを書いた八角シートを用いれば、想いとフラワー風水の相乗効果が起こるので、方位を気にしなくても大丈夫です。

どちょっとしたスペースがあるなら、そこに飾っても大丈夫です。せっかくのフラワー風水だからといって、誰の目にもつきやすい場所でなければならないということはないのです。しかし、どうしても飾る場所が確保できない場合は、自分の好きな場所や「ピンと来る」場所を選びましょう。

もっとも大切なことは、方位よりもむしろ自分の願いが明確であるかどうかです。案外、願いは漠然としていることが多いもの。それを具体的にしたうえで飾るのが、もっとも強い運氣を引き寄せてくれます。願いが具体的に思い浮かばないときは、100ページからご紹介する「八角シート」が役に立ちます。

［スペース別］フラワー風水の取り入れ方・活かし方

フラワー風水を飾る場所

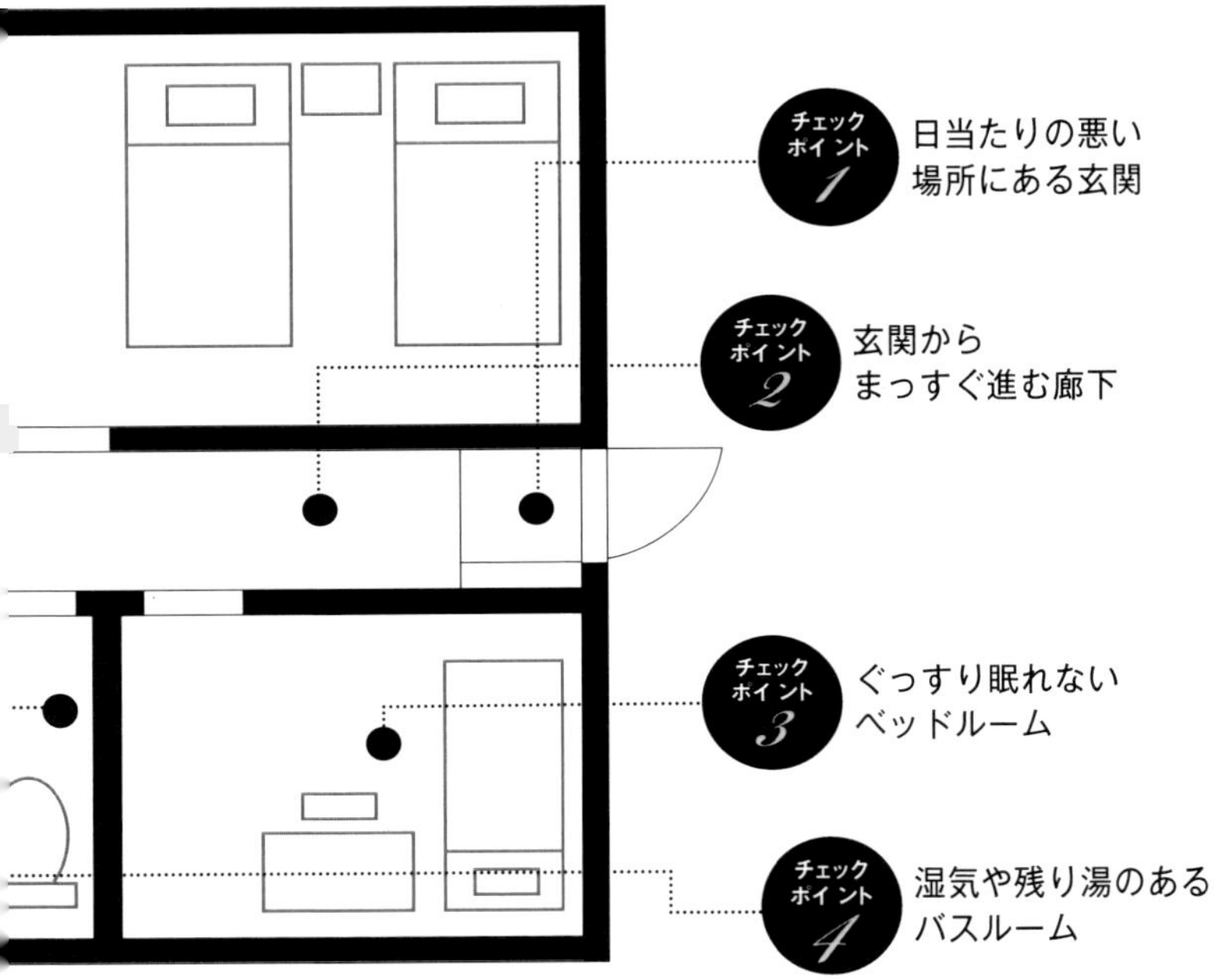

植物は家全体の環境も整える

自分らしくありたい。もっと幸せになりたい。夢を叶えたい。フラワー風水は、願いを叶えるサポートをしてくれるアイテムです。それを家に飾ることによって、つくった人の運氣をアップしようというものです。

それと同時に、フラワー風水には家の中の環境そのものを整える作用があります。

たとえば、氣が出入りする場所である玄関にフラワー風水を飾れば、いい氣を招き入れ、悪い氣を追い払う役割を果たします。部屋の角やデッドスペースなど氣が滞りやすい場所に置けば、氣の循環

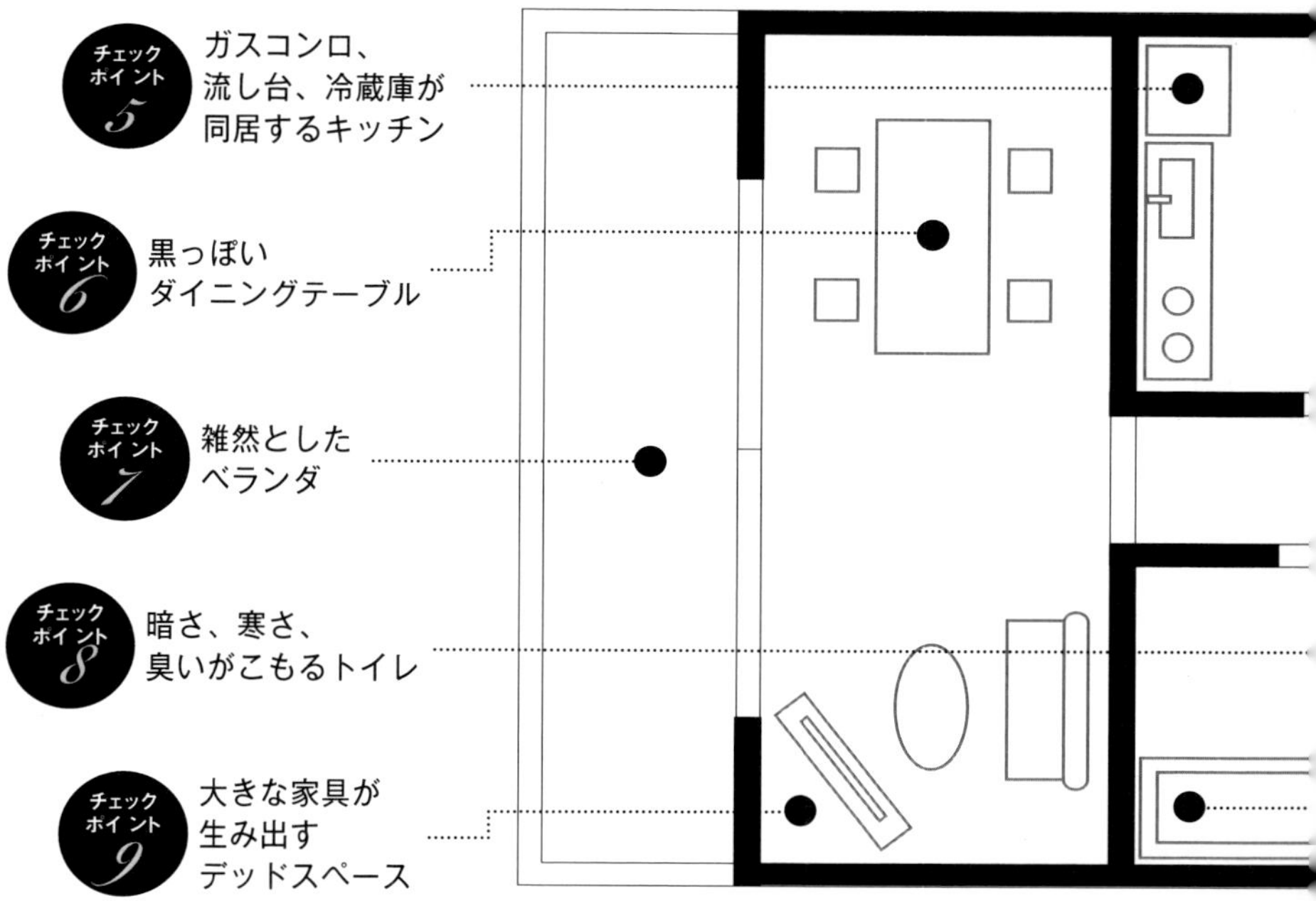

を促してくれるのです。

そこで、フラワー風水を運氣アップの方位に飾るときは、その場所が持つ特徴も考慮に入れてみてください。もちろん可能な範囲でかまいません。そうすることで、悪い氣が滞っている場所の環境を改善し、家全体にいい循環をもたらします。それがあなたの願いを叶えるパワーを高めることはいうまでもありません。

場所ごとの環境を整えるために、フラワー風水とは別に、観葉植物、ハーブ、花を寄せ植えしたプランターなどを取り入れるのもおすすめです。

さっそく次のページから、場所ごとに取り入れ方の具体例をみていきましょう。

Space 1

玄関

その家の運が出入りする場所

植物を取り入れる基本ポジション

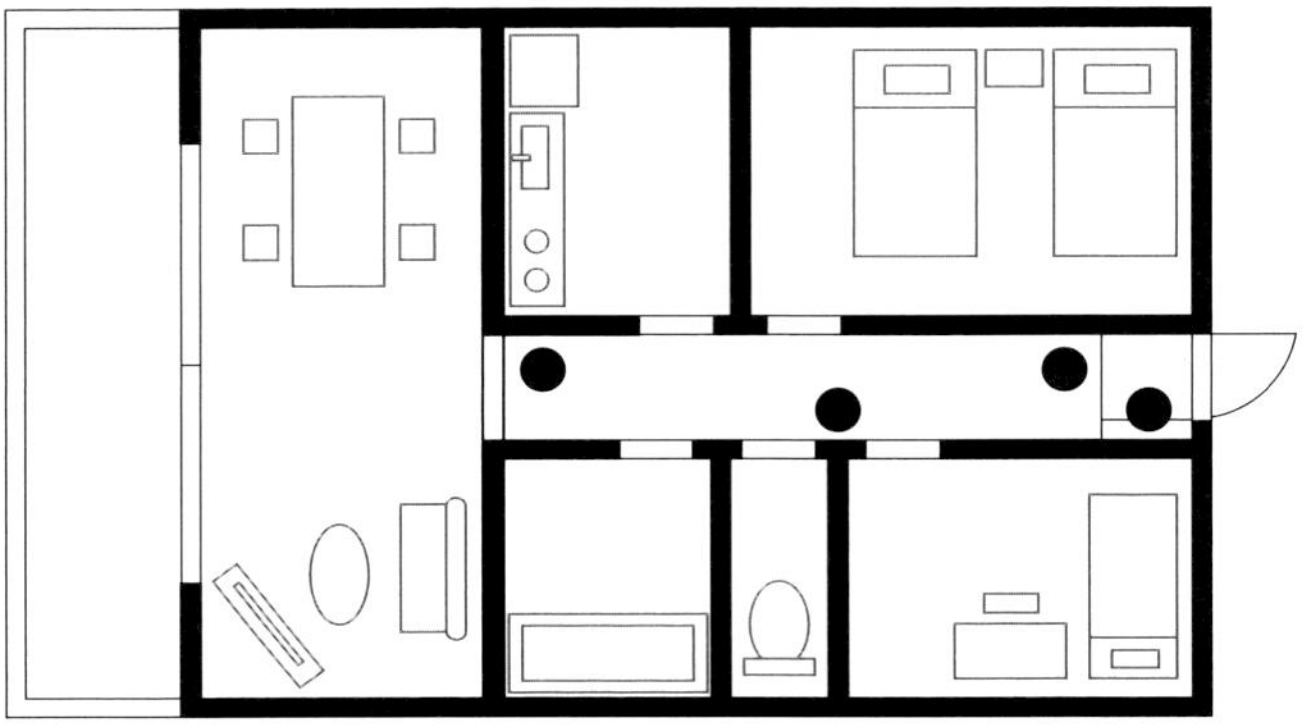

●おすすめの飾り方・飾る場所
下駄箱や飾り棚などの上。廊下の端や階段の下に置いてもよい

●おすすめの花（フラワー風水以外）
バラ、シャクヤク、アキレア、プロテア、セルリア・フロリダ　など

●適した花器
多面体にカットされたガラス製

●おすすめのグリーン
ポトス、ユッカ　など

●おすすめのハーブ
セージ、タイム　など

花がいい氣を招き、悪い氣を追い払う

風水において、玄関は家の中のすべての運が出入りする場所です。いい運も悪い運も玄関から入り、玄関から出ていきます。

その家全体の運を左右する場所でもある玄関は、明るい環境であることが大切です。そのためにもっともいいアイテムが花。花の持つポジティブなパワーがいい運氣を家の中に招き入れ、悪い運氣を追い返してくれます。

ちょっとした飾り棚や下駄箱などがあれば、そこにフラワー風水を置くのがベストポジション。フラワー風水のかわりに、花を1輪だけ生けた花器を飾ってもいいで

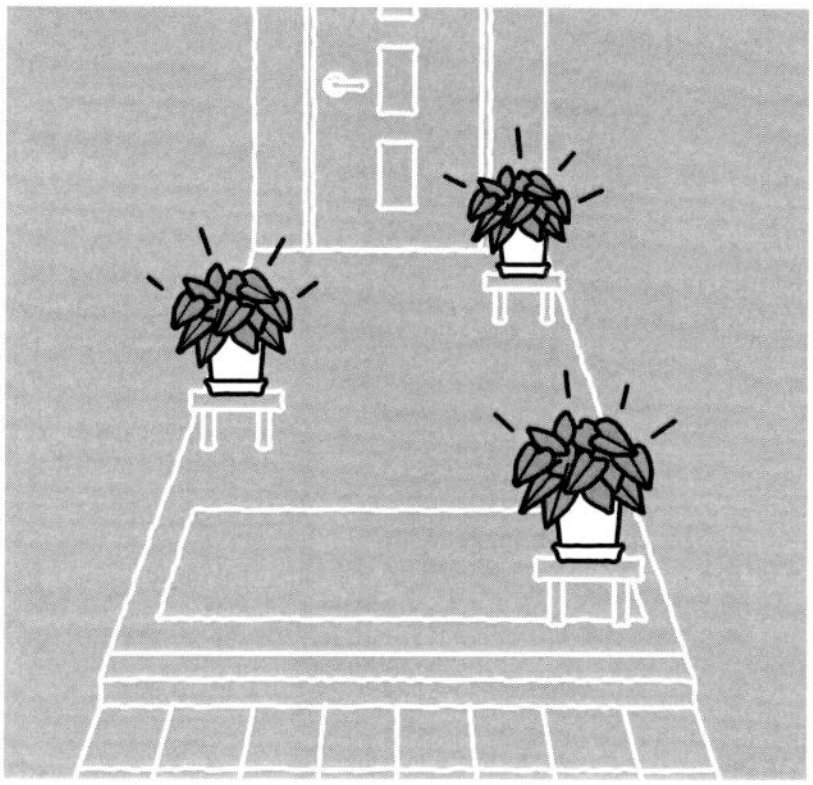

玄関から部屋にまっすぐ続く廊下は、氣がダイレクトに流れ込みます。そこで観葉植物を廊下の端に交互に置きます。氣の流れを緩やかにしてくれます。玄関の目の前にある階段も、氣が玄関からそのまま２階に流れてしまわないように、階段の下に観葉植物を置くといいでしょう。

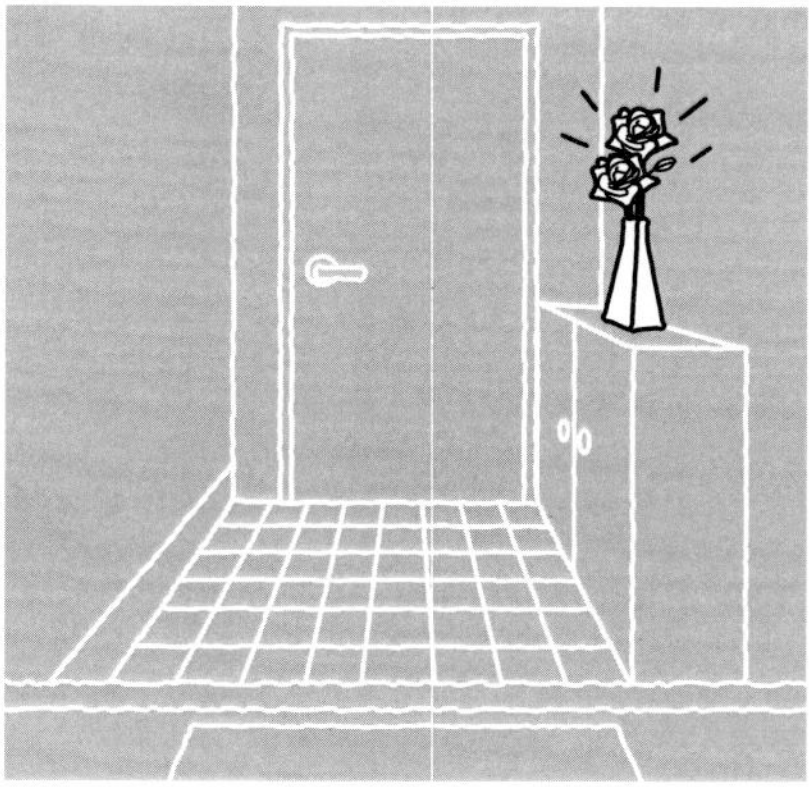

玄関にある下駄箱の上は、フラワー風水を飾る絶好のスポット。玄関にいい氣を招き、悪い氣を吸収する作用があるほか、玄関の雰囲気を明るくする、家を出入りする際に目につくなどメリットがあります。

すね。できるだけ花を絶やさないように心がけましょう。

場所がないようなら、玄関に通じる廊下に置いてもＯＫ。じかに置くのに抵抗がある場合は、木製の折りたたみ式チェアなどを利用するのも手です。玄関の上がり口に置くといいでしょう。

もし、玄関から続く廊下がまっすぐな場合は、廊下の両端に交互に花や観葉植物を置きましょう。そうすることで、直線的に入ってきた氣の流れを緩やかにし、部屋のすみずみまで巡るようになります。玄関の目の前に階段がある場合も同様。いい氣が玄関からそのまま2階につき抜けてしまわないように、玄関と階段の間に観葉植物を置くのがおすすめです。

Space 2

リビング・ダイニング

家族全員の運氣を生み出す場所

植物を取り入れる基本ポジション

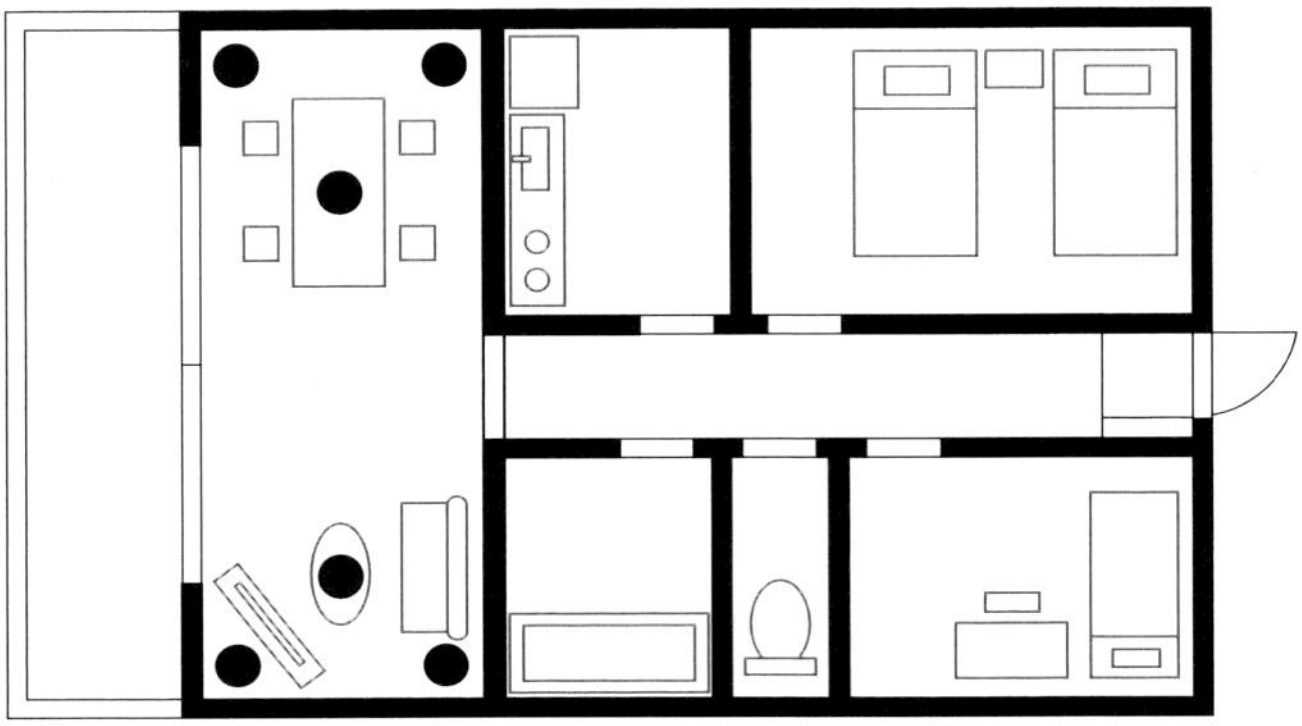

●おすすめの飾り方・飾る場所
リビングの低いテーブルやダイニングテーブルの中央、出窓　など

●おすすめのグリーン
テーブルにはポトスなどの葉が丸いもの。デッドスペースにはサンセベリアなどの葉がとがったもの

●適した花器　ガラス製

●おすすめの花（フラワー風水以外）
ひまわり、ポピー、チューリップ、ナスタチウム、ダリア　など

●おすすめのハーブ
ディル、プリムラ、タンジー　など

花で氣の流れをスムーズに

　リビングやダイニングは家族の共有スペースです。家族が集まってくつろいだり、おしゃべりしたり、食事をしたり……。家族全員が心地よく過ごせる空間にして、家族運をアップさせましょう。

　それにはまず、氣の流れをスムーズにしておくことが大切。リビング・ダイニングのような多目的なスペースでは、室内の氣を時計回りに流れるようにすると、とても居心地がよくなります。

　そのためには、家具の配置を見直してみます。ソファやダイニングテーブルといった大きな家具はなるべく壁に寄せるようにして、

ダイニングは食事によってエネルギーを補充する場所なので、明るい雰囲気を演出することが大切。テーブルに飾る花は、形の丸い花、花びらが放射状に開く花など、人を集めるパワーのある丸いものがおすすめ。観葉植物も葉が丸いものを選んで。

ソファや電化製品はできるだけ壁に寄せるようにして、部屋の中央に広めのスペースをつくると、氣が時計回りにゆったりと流れるようになります。低いテーブルの上に花を、部屋の角には葉のとがった大きめの観葉植物を置きましょう。

氣の流れを妨げないようなレイアウトにしましょう。テレビやオーディオなど、電化製品も同様です。インテリアを変えるのがむずかしい場合は、フラワー風水が効果を発揮。リビングの低いテーブルやダイニングテーブルの上に飾ると、いい氣を集めて部屋全体の氣の流れを調整してくれます。

とくにダイニングは食事を摂り、エネルギーを補充する場所なので、フラワー風水に限らず、花や観葉植物などを欠かさないよう心がけましょう。

また、部屋の四隅や大きな家具の脇などにはデッドスペースが生じがちですので、氣を拡散する作用がある葉のとがった観葉植物を置くのも効果的です。

Space 3

ベッドルーム

運氣を補う場所

植物を取り入れる基本ポジション

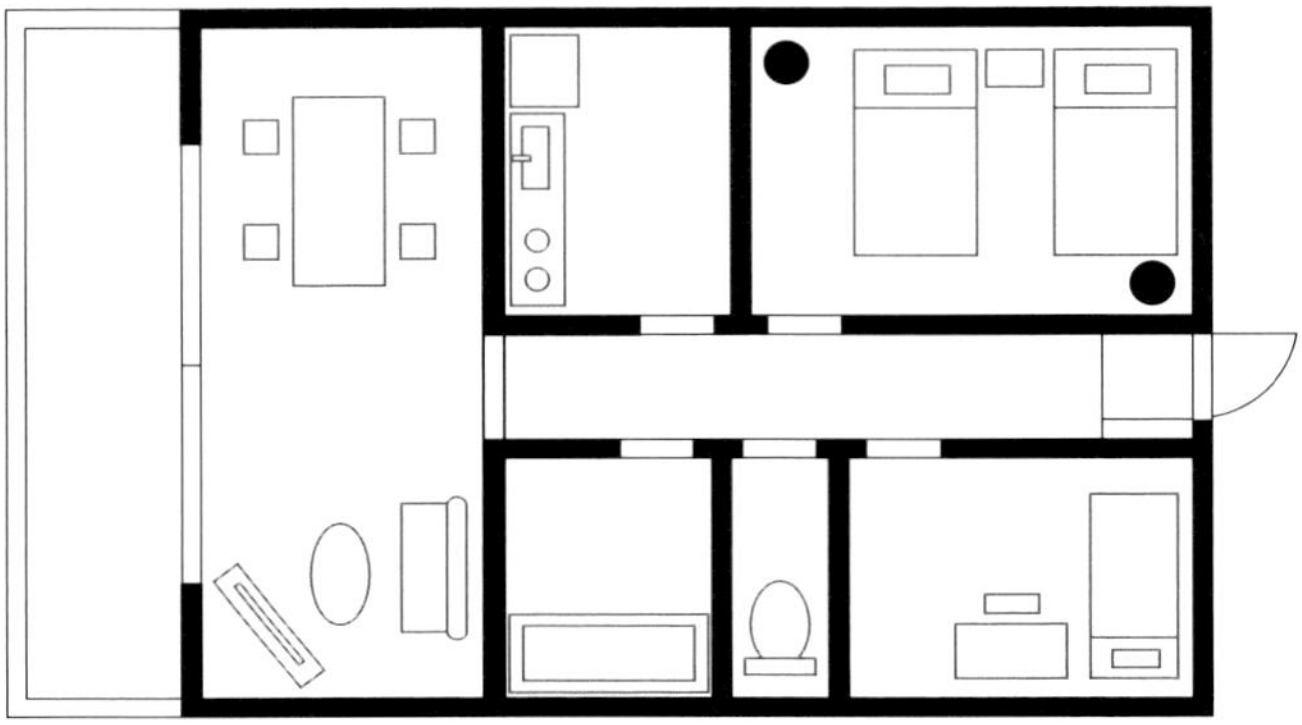

●おすすめの飾り方・飾る場所
サイドテーブルの上、出窓　など

●おすすめの花（フラワー風水以外）
エリンジウム、デルフィニウム、トルコキキョウ、スイートピー　など

●適した花器　木製

●おすすめのグリーン
アイビーなどつる性のもの、パキラ　など

●おすすめのハーブ
ラベンダー、パイナップルセージ、レモンバーベナ　など

寝ている間に花のよい氣を吸収

寝室は人生の3分の1を過ごす大切な場所で、健康運をはじめとする運氣に大きな影響を与えます。今の寝室の環境があなたの運を左右しているともいえるわけです。

そもそも人は、眠る営みを通じて体を休め、心の疲れを癒して、明日への英氣を養います。それと同時に、人は寝ている間に悪い運氣をリセットし、新たな運氣を補っています。ですから眠る環境がよくなかったり、その人に合っていないと、いい氣を吸収することができません。

そこでまず見直したいのは、リラックスできる空間であるかどう

理想的なベッドの配置は、ドアの対角線上にあること、窓やベランダから10ｃｍ以上離れていることです。そうすることで寝室内の氣の流れがよくなります。花ならサイドテーブルの上に、観葉植物なら部屋の隅に置くといいでしょう。

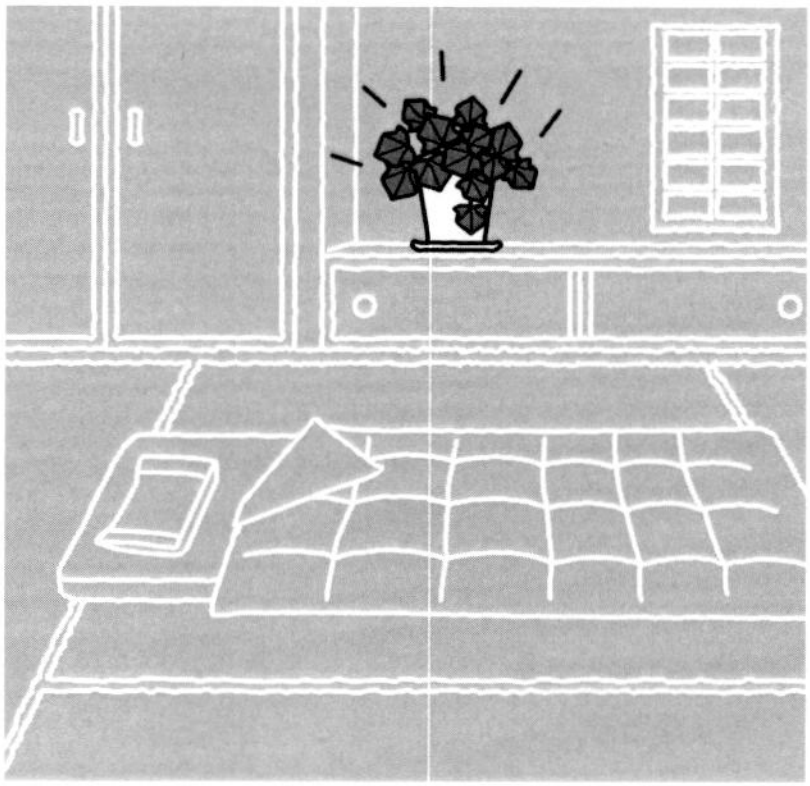

布団を敷く場所は、基本的にベッドと同じです。布団を利用している場合、サイドテーブルがないので、花なら低い家具の上に飾るといいでしょう。そのような場所がないなら、部屋の隅に観葉植物を取り入れるだけでもかまいません。

かです。落ち着いた色調、やわらかい照明、肌触りのよい寝具などに気を配りましょう。また風水上では、ドアの前にベッドがあるのはよくないとされるので、配置に工夫を。

　そして、寝ている間にいい氣をめいっぱい吸い込むために、フラワー風水を取り入れましょう。飾る場所は東が最適ですが、むずかしい場合は自分の好きな場所でOK。できればサイドテーブルの上など、ベッドに近い位置がおすすめです。その方が花の氣をダイレクトに吸収することができます。また、観葉植物を置く場合は、葉の大きいものや葉の数が多いものがいいでしょう。空気清浄機のような役割も果たしてくれます。

Space 4

キッチン

金運や健康運を司る場所

植物を取り入れる基本ポジション

ガスコンロ、水道、冷蔵庫の「火」と「水」の氣のバランスをとるような場所に飾るのが理想。場所に制約がある場合は、小スペースに花を1輪飾るだけでも効果があります。

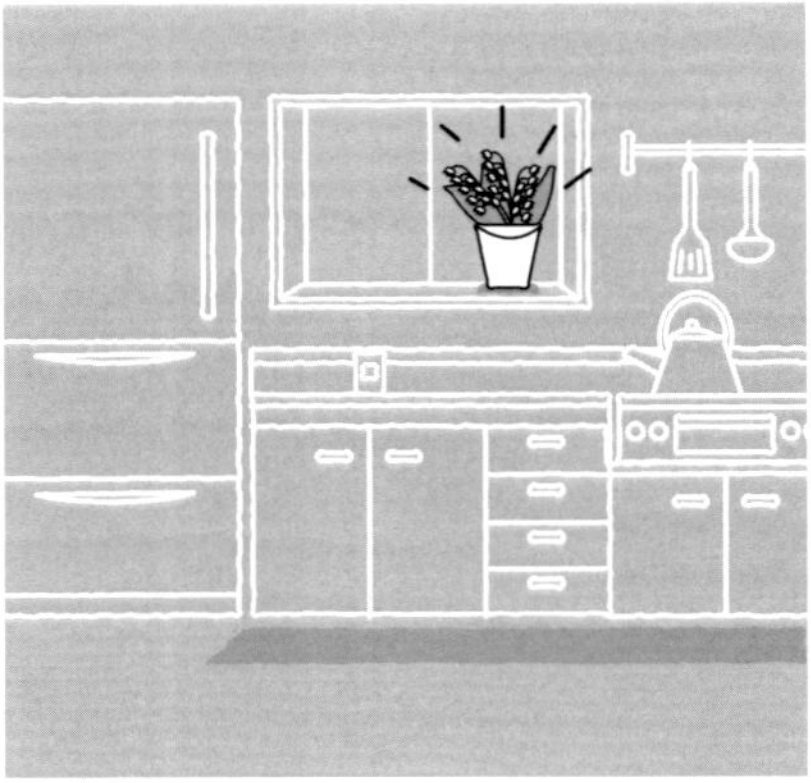

●おすすめの飾り方・飾る場所
出窓や飾り棚などの小スペース

●おすすめの花（フラワー風水以外）
スズラン、クリセンマム、シクラメン、ユーフォルビア、カスミソウ　など

●適した花器
ガラス製やブリキ製

●おすすめのハーブ
チャービル、キャラウェイ、バジル　など

花で「火」と「水」の氣のバランスを

キッチンはガスコンロと水道という「火」と「水」が同居する場所です。相剋する2つの氣のバランスをよくすることが運氣アップのポイントです。

火には氣を燃やす、水には氣を流すという意味があります。ガスコンロまわりや水道まわりをつねにきれいにしておくよう心がけましょう。冷蔵庫も「水」の氣を持っているので、中が汚れていたらこまめに掃除して。そのうえで、フラワー風水をガスコンロと水道の間あたりに飾るのがベストです。「火」と「水」のバランスを保ち、つねにいい氣を放出してくれます。

Space
5

バスルーム

溜まった悪い氣を洗い流してリセットする場所

植物を取り入れる基本ポジション

湿気のあるバスルームには、観葉植物かハーブがおすすめ。ハーブの場合は花器に無造作に生けて、バスルームに持ち込むのでもＯＫ。ハーブの葉を数枚ちぎって、お湯に浮かべてもいいですね。

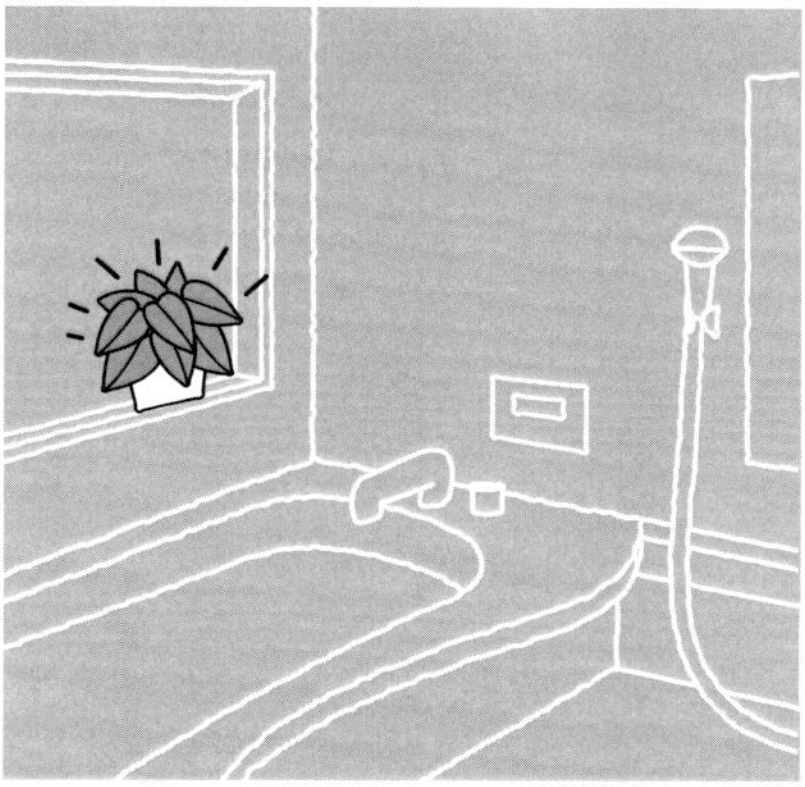

●おすすめの飾り方・飾る場所
出窓などの小スペース

●おすすめのグリーン
ポトス、オリヅルラン　など

●適した花器
陶器製

●おすすめのハーブ
ローズマリー、カモミール、ミント　など

「陰の氣」の多い場所には「陽の氣」を加える

　バスルームは今日1日で溜め込んだ悪い氣を洗い流し、元の状態にリセットするとともに、お金の流れにも影響を与える重要な場所。また、大量の水を使うため、「陰の氣」が強い場所でもあります。

　そこで「陽の氣」を取り入れましょう。湿気が多い場所なので、観葉植物がおすすめです。飾る場所がない環境なら、お風呂に入るときだけ小さな花を持ち込み、バスタブに置くという手もあります。大切なのは、悪い氣を排出するときに、その手助けをしてくれる植物を身近に置くということです。

Space 6

トイレ

健康運や家庭運に影響する場所

植物を取り入れる基本ポジション

そもそも植物には氣を浄化するパワーがあります。トイレに「陰の氣」がこもらないようにする意味で、花や観葉植物などを飾る習慣をつけるといいですね。

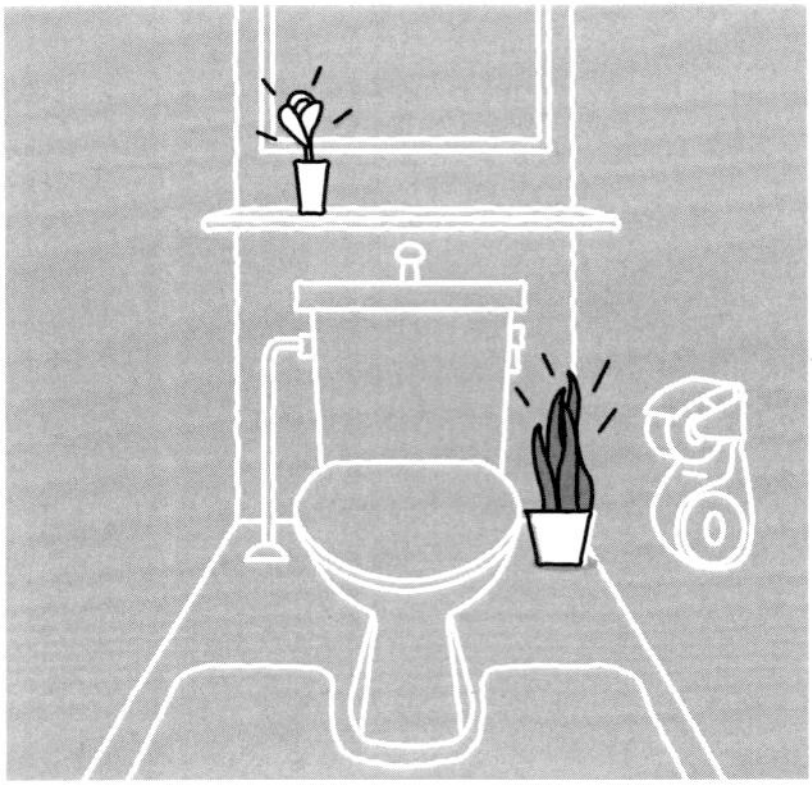

●おすすめの飾り方・飾る場所
出窓の小スペース、タンクの上、床の隅

●おすすめの花（フラワー風水以外）
クロッカス、セントポーリア、サクラソウ、ツキミソウ　など色調が薄い花

●適した花器　陶器製

●おすすめのグリーン
サンセベリアなどの葉がとがったもの

●おすすめのハーブ
ラベンダー、クラリーセージ、ペニーロイヤル　など

「陰の氣」には葉のとがった観葉植物を

風水でトイレは不浄の場所とされ、「陰の氣」がこもるとされています。でも、体の老廃物を排出し、健康を維持するうえで欠かせない場所。まずはきれいに掃除をすることが、健康運を高め、家族が元氣に暮らすことにつながります。

そして「陰の氣」を追い払うには、葉のとがった観葉植物が効果的。床の隅に置いておきましょう。「陽の氣」を加えるならマメに換気をし、トイレ用品も明るい色調のものにしましょう。また、タンクの上などの小スペースに小さな花を取り入れるのもいい方法です。

Space 7

庭・ベランダ

大きな運氣を育て、与えてくれる場所

植物を取り入れる基本ポジション

庭やベランダに花やハーブを取り入れるなら、季節の旬のものがおすすめ。旬の花は季節の持つパワーが宿り、大きな氣を運んでくれます。

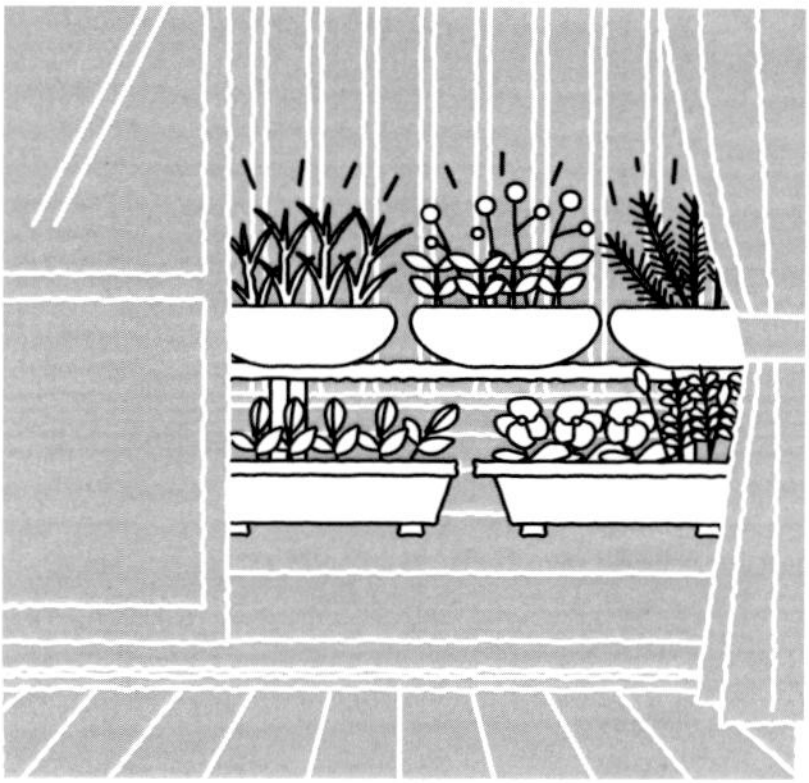

●おすすめの飾り方・飾る場所

プランターが置ける場所ならどこでもＯＫ

●適した花器

テラコッタや陶器など「土」の氣を持つプランター

●おすすめのグリーン、ハーブ

好きな植物

植物を育てることは運氣を育てること

屋外には太陽が降り注ぎ、大気が流れ、自然の恵みがあります。庭やベランダはそんな自然の恵みに満ちた屋外と屋内をつないでくれる場所といえます。

屋外のいい氣を取り入れるには、植物を育てるのがいちばん。庭の土を耕し、種をまいて成長を待ち、花を愛でる楽しみは生氣を与えてくれることでしょう。また、プランターに寄せ植えした花をベランダに飾るのも同じこと。土に根を張った花には、強い氣が宿っています。庭やベランダで植物を育てることは、自分の運氣を育てることにも通じます。

フラワー風水の飾り方Q&A

*01 Q 指示された方位に花を飾るような場所がない場合、どうしたらいい？

A しかるべき方位にフラワー風水が飾れなくても、花がパワーダウンするようなことはありません。フラワー風水はつくった人の想いの強さによって氣が入っていますから、場所にこだわらず自分でピンと来た場所に置けば大丈夫です。

*02 Q 3階建ての家の場合、どのフロアで方位を出せばいい？

A 基本は1階です。ただし、1階が駐車場や倉庫などで人が生活していない場合は、人が集まるリビングがある階で取ります。また、飾りたい部屋が決まっている場合は、その部屋で方位を出してもＯＫです。

*03 Q 本によっては、八方位を東西南北それぞれ30度ずつ、それ以外の方位を60度ずつで見るものがあるが、どこが違うの？

A 方位には30度ずつ均等割りにした十二方位と、45度ずつ均等割りにした八方位があります。そのどちらを採用するかで、方位の取り方が変わってくるのです。風水にはいろいろな開運法があり、さまざまな考え方がありますが、正統風水では45度の均等割りを使います。

04 Q 花を飾る高さはどれくらいが効果的？

A 方位に吉凶があるように、寸法にも吉凶があります。床から高さ 180cm の範囲で設置するといいでしょう。

05 Q 観葉植物にもパワーがあるの？

A ありますトラノオのように先がとがった植物は、乱れた氣を拡散して整えます。また、ポトスなど丸い葉をした植物は、氣を集める性質があります。そのほか、植物の蒸散作用により水分を放散し、お部屋を快適な湿度に保ったり、空気中のカビやバクテリアを 50%以上も抑制したりする効果もあります。

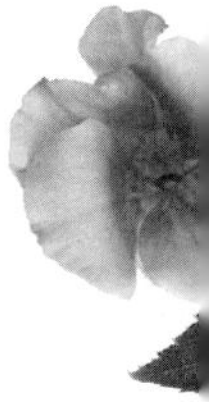

06 Q これはNGという飾り方はある？

A できれば「相剋」の関係（P17 参照）になるフラワー風水同士を並べて飾らない方がいいでしょう。

07 Q 自分の開運別フラワー風水と、夫の五行別フラワー風水が同じ方位。並べて置いても大丈夫？

A 「相剋」の関係（P17 参照）でなければ問題はありません。ただ、「相剋」になってしまった場合は、片方を自分のしっくり来る場所に置き換えれば大丈夫です。

運氣アップテクニック

[フラワー風水におすすめの花 カラー別一覧]

Color
花色
編

花色にも「氣」があり、パワーを秘めています。
五行別フラワー風水や開運別フラワー風水において、運氣に大きな影響を
与えるのが花色です。ここではフラワー風水におすすめの花を、
色別にご紹介。花色が持つ意味を知って、
あなただけのフラワー風水づくりの参考にしてください。

Pink ピンク

ストレスや緊張を解いて、優しい気持ちにしてくれる色。愛情や豊かさ、かわいらしさや美しさを表し、女性らしさを引き出して、恋愛や愛情の運氣をアップさせます。また、女性ホルモンを活性化し、肌をきれいにして若々しさを取り戻してくれます。

おすすめの花 >>>

● バラ ● ガーベラ ● スイートピー ● アザレア ● ゼラニウム ●カトレア など

Red 赤

五行の「火」の色。強い「陽」の氣を持ち、活力を与えて積極性や意欲を引き出します。物事を上昇させるパワーがあるので、具体的な目的があるときに使うと効果的です。血行を促す作用もあるので、冷えや女性特有の不調の改善にも適しています。

おすすめの花 >>>

● バラ ● ガーベラ ● チューリップ ● グロリオーサ ● ケイトウ ● ポピー など

Yellow 黄

五行の「土」の色である黄色は、物事を生み出し、土台を安定させる効果があります。それとともに強い「陽」の氣を持ち、楽しさや喜びを運んでくれる色でもあるので、家庭運アップに貢献します。また、胃腸の調子を整え、消化吸収を促すので、活力が出てきます。

おすすめの花 >>>

● フリージア ● ひまわり ● ダリア ● マリーゴールド ● オンシジウム など

White 白

五行の「金」の色で、強い浄化作用を持ちます。空間にいい氣を引き寄せ、悪い氣を追い払うため、つねによい環境を保つ効果があります。また、白は純粋さ、誠実さ、バランス感覚の象徴でもあり、他のものと協調して、引き立ててくれる作用もあります。

おすすめの花 >>>

● マーガレット ● ラナンキュラス ● スズラン ● ガーデニア ● カスミソウ ● カラー など

Green 緑

五行の「木」のパワーを秘めた緑は、育成・発展・希望を表す色。再生のエネルギーに満ちて、安らぎや安定をもたらしたり、和を保つ作用もあります。疲れがたまったときや神経がすり減ったときなど、心身をリフレッシュして、健康な体へと導いてくれます。

おすすめの花 >>>

● クリスマスローズ ● スプレーマム ● シンビジウム ● アジサイ
● ブプレウルム ● ミリオンバンブー など

Blue 青

五行の「木」にあたる青の氣には発展・向上を促すパワーがある一方、冷静な判断力も与えてくれるので、仕事運アップにつながる色です。また、鎮静効果が高いので、精神的な疲れ、緊張を緩和し、イライラを抑えます。目の疲れの改善にも効果的です。

おすすめの花 >>>

● ブルーデージー ● ニゲラ ● アイリス ● ブルースター ● 矢車草 など

Purple 紫

風水では高貴な色でもある紫には、運氣そのものを高めてくれるパワーがあります。精神を安定させ、感性を磨いてくれる作用があり、自分に自信が持てるようになるので、仕事運のアップにも効果的。興奮を鎮めてゆったりとした気分にしてくれる色でもあります。

おすすめの花 >>>

● ラベンダー ● クジャクアスター ● リンドウ ● シオン ● アジサイ など

Flower
宝石
編

運氣アップテクニック

[運氣アップをサポートするおすすめ宝石一覧]

母なる大地（地球）と父なる天（宇宙）からの贈り物…宝石。
それは宇宙のビックバンから始まり、遥かなる時を経て地球が誕生し
何億年、何十億年もかけて地中で作られた奇跡の産物です。

紀元前の古代インドや古代エジプトでは、
装飾品だけでなく神術や治療などに用いられてきました。
そんな宝石達が持つパワーを運気 UP に活かしましょう。

ブラックオパール

Black Opal

トータルに運気を向上してくれる

じぶんの中に眠っている、豊かで自由な発想と表現を引き出してくれる石。リーダーとしての魅力を高めてくれるので、会社経営など人の上に立つ人にはぴったりな宝石です。

相性のよい石 >>> アレキサンドライト
仕事運だけでなく、全てを引き上げるような強いエネルギーが生まれる。

Fancy Color Tanzanite

ファンシータンザナイト

昇り龍のエネルギー

昇り龍のごとく運を引っ張りあげてくれる石。人生のあらゆる面で運気を高めてくれるので、運気が停滞していると感じている方にもおすすめです。さらなるステップアップに相応しい宝石です。

相性のよい石 >>> アウイナイト
この二つを組み合わせると、運気がぐ〜んと加速します。第六感に働くので直観も高まります。

スタールビー

Star Ruby

スターの如く成功に導く

成功をイメージさせる星が浮かび上がった石。とてもエネルギーの強い石だけに波動が合う宝石を持つ事ができればラッキーです。運と才能の両面を開いていくので心強いパートナーとなる宝石です。

相性のよい石 >>> ピンクサファイア
気持ちを明るく前向きに、心身のバランスを整えながら運気アップしていきます。

スファレライト

Sphalerite

瞬時に運気を高める

太陽のように力強いエネルギーを放つ石。自分に自信が無い時、本来持っている能力や表現力を瞬時に開き、運気を高めてくれます。人前に出て話すときや商談時など、勝負時に身につけるとよい宝石。

相性のよい石 >>> ブルージルコン
自分の心が沈んでしまい、運気を止めてしまっている内なる心の問題を解消して運気が高まります。

アレキサンドライトキャッツアイ

Alexandrite Cat's Eye

宝石の王様・無敵のパワー

自分の力で稼ぎたい人へおすすめの石。会社経営やこれから独立して起業をしたい人たちの能力と運気を開き、力強い味方になってくれる宝石。

相性のよい石 >>> アレキサンドライト
精神と判断力がシャープになり、さらなる強さが高まります。

いつまでも生花のパワーを持ち続ける

「プリザーブドフラワー」でフラワー風水をアレンジ

プリザーブドフラワーをご存じですか。いちばん美しい状態の生花に
オーガニック染料を使って特殊加工することで、鮮やかな色、
生花のようなみずみずしい質感を長く保てる新しいタイプの花のこと。
生花ではないので水やりの必要もなく、数年間楽しむことができます。
花の少ない季節や、ほしい花色が見つからないときなど、
プリザーブドフラワーを利用してフラワー風水をアレンジするのもいい方法です。

プリザーブドフラワーの 魅力 >>>

●長い間、美しい花色、みずみずしい質感を保ちます

●ドライフラワーでありながら、生花のようなソフトな風合いがあります

●色数が豊富。自分でつくれば、自然には存在しない色の花を生み出すこともできます

プリザーブドフラワーの 代表的な花>>>

●バラ　●カーネーション
●アジサイ　●ガーベラ　●カトレア

●ピンポンマム　●ディンファレ
●ガーデニア　●ダリア

●アイビー　●レザーファン
●ユーカリ　●ワイヤープランツ
●レモンリーフ

プリザーブドフラワーの 扱い方>>>

●湿度
湿気に弱いので、なるべく風通しのよいところに飾りましょう

●直射日光
強い日差しも苦手です。窓辺に飾る際には、カーテンなどを利用して、採光の調節をしましょう

●ホコリ
ホコリがつくと、花色や質感が損なわれます。羽根のようにやわらかいものではらうといいでしょう

パワーアップ
アイテム

「八角シート」で願いを実現

幸運を引き寄せるパワーを持つフラワー風水。
そのパワーをどんなことに使うのか方向づけする
アイテムが「八角シート」です。
フラワー風水に八角シートをプラスすれば、あなたの願いが
さらに一歩、実現に近づきます。

「八角シート」でフラワー風水のパワーをアップ

「形」の意味について考えたことがありますか。ふだん何気なく使っている持ち物やインテリアグッズなどは、好きだから、心地いいから……という理由で選ぶことが多いと思いますが、風水的に見れば物の形にもそれぞれ意味や役割があるのです。

たとえば、丸や円には「集中する・吸収する」といった意味があります。人や物を集めたり、いい氣を集める作用があるのですが、悪い氣も集めてしまいます。

逆に四角には「反射する」という意味があるので、悪い氣を寄せつけないかわりに、いい氣もはね返してしまいます。

その点、万能の形といえるのが八角形です。風水で八角形は「聖なる図形」とされ、いい氣を集めて悪い氣をはね返す〝氣のフィルター〟の役割を果たします。ですから、運氣を高めて願いを叶える力をパワーアップしてくれるわけですね。

そのパワーを応用したのが「八角シート」。このシートをフラワー風水といっしょに使うことで、あなたの願いがより強まり、実現をバックアップしてくれることでしょう。

[形が持つ意味]

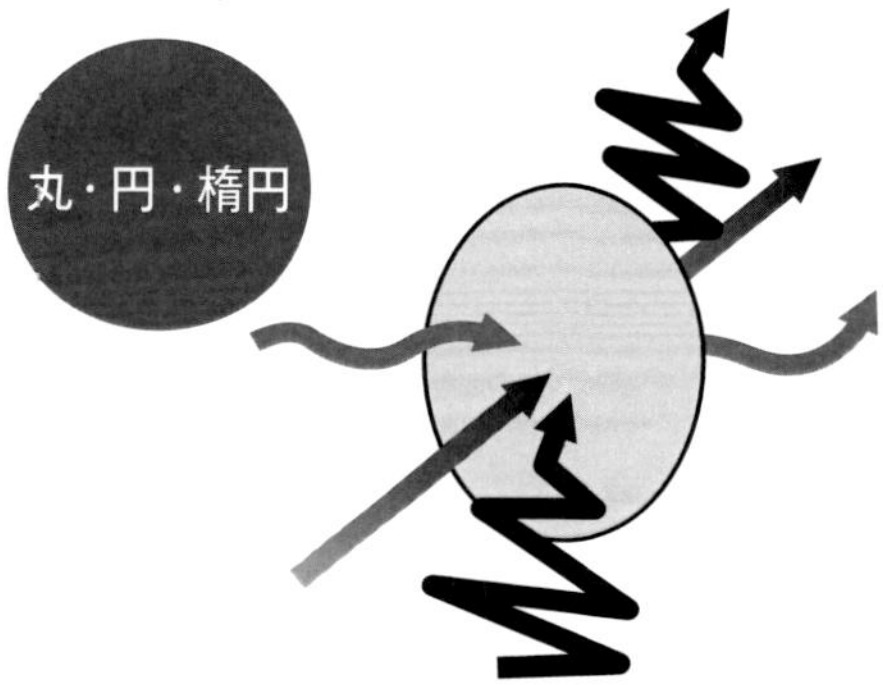

丸、円、楕円には「集中・吸収」の意味があります。いい氣も集めますが悪い氣も集めてしまうので、使う際には注意が必要です。

正方形や長方形など四角形には「拡散・発散」の意味があります。悪い氣を反射し、侵入を防ぎますが、いい氣もはね返してしまいます。

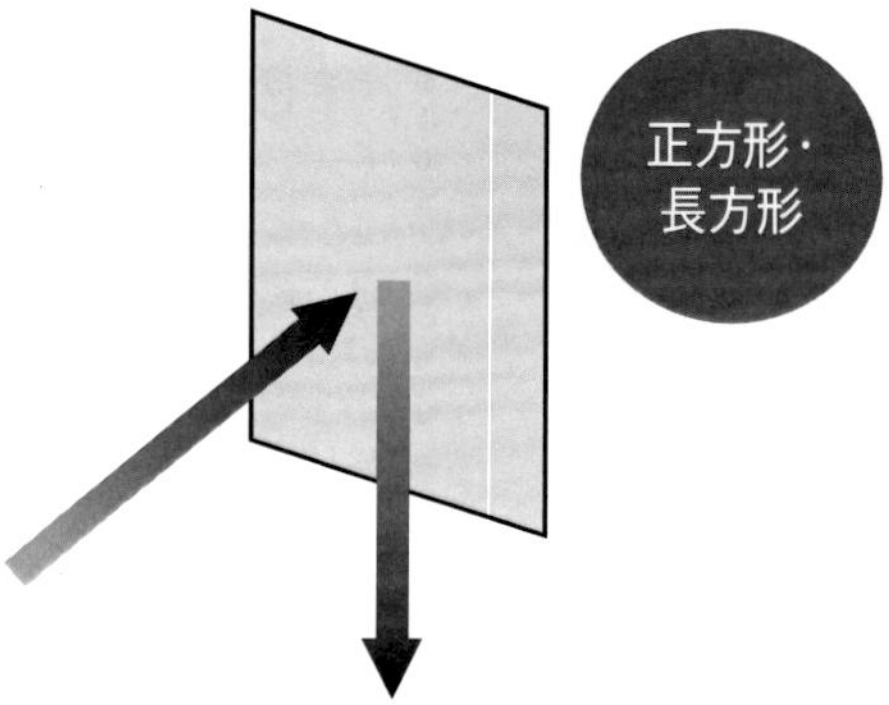

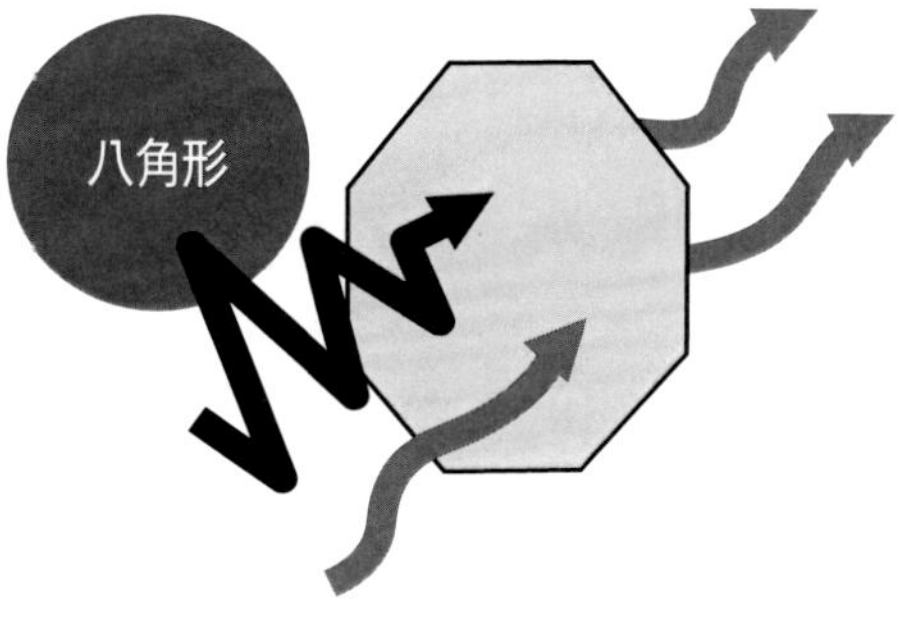

風水では「聖なる図形」とされています。悪い氣をいい氣に変えるフィルターの役割を果たし、氣の乱れを改善して運氣を高める効果があります。

パワーアップアイテム

「八角シート」で願いをより明確に

[願いを書き込むポイント]

Point 1
自分を主体に書く
「私」を主語にすること。
自分の願いであることをはっきりさせます。

Point 2
願いを１つだけに絞る
八角シート１枚に１つの願いが基本。願いが複数ある場合は、いちばん叶えたい願いを優先して書きます。

Point 3
願いは強く、具体的に表現する
いつ、どのように、どうなるのか。
願いを叶えるプロセスも明確にします。

Point 4
現在進行形、または完了形で書く
「～になる」「～になった」のように、
願いが叶った状態を書きます。

Point 5
願いはポジティブに表現する
願いは肯定的、
積極的に表現します。

願いは具体的に書き込むのがポイント

フラワー風水をつくったあなたには、叶えたい願いがあるはず。その願いを、あらためてここで明確にしましょう。願いは漠然としているより、具体的な方が伝わりやすく、運氣を引き寄せやすくなります。もち

［願いの書き方例］

Case 1

付き合っている彼氏と結婚できたらいいな

Check

ありがちな書き方ですが、結婚できなくても仕方ないという自信のなさも含まれてしまいます。

Case 2

付き合っている彼氏と絶対結婚するんだ

Check

強い意志が感じられますが、さらに明確な目標設定があるといいでしょう。

Case 3

付き合っている●●●●さんと結婚している

Check

実名入りで希望する状況を書くのもいい方法。でもまだ結婚していないことが前提なので、少し弱い。

Case 4

Good!

付き合っている●●●●さんと１年後に結婚しました

Check

実名入りで、いつ、自分がどうなっているかを明確にしている、ベストな書き方です。

ろん、あなたの気持ちもグッとひきしまるのではないでしょうか。

そこでまず、巻末（P111）にある「八角シート」を書き写すかコピーして、ハサミで八角形に切り取ってください。そこに願いを書いていきます。たとえば、「ステキな彼氏がほしい」とか「もう少し収入をアップしたい」とか……。

その際、できるだけ具体的に表現することが大切。いつまでに、どんな方法で、どうなりたいのかを、イメージできる範囲で明確にするのがポイントです。

願いを書いた「八角シート」は、フラワー風水の花器の下に入れておきます。するとその強い想いが花に伝わり、さらに強い運氣を引き寄せてくれます。

パワーアップアイテム

「八角シート」使い方レッスン

「八角シート」に願いを書いたら、さっそく使ってみましょう。
使い方はとってもカンタン。あなたのつくった
フラワー風水の花器の下に入れるだけです。
いくつかNGな方法もあるので、ここでおさらいしておきましょう。

基本パターン

恋の願いを恋愛運のフラワー風水に使う

彼氏をつくる願いを書いた八角シートは、恋愛運アップのフラワー風水の下に入れます。

気の合う男性と
出会って、今年の
クリスマスには
ラブラブな関係に
進展しました

応用パターン1

恋の願いを五行のフラワー風水に使う

恋愛運アップを願った八角シートを、自分の五行のフラワー風水の下に入れてもOKです。

気の合う男性と
出会って、今年の
クリスマスには
ラブラブな関係に
進展しました

応用
パターン2

2つの願いを
2つのフラワー風水に使う

氣の合う男性と
出会って、今年の
クリスマスには
ラブラブな関係に
進展しました

毎月の収入が
2万円増え、年末の
ヨーロッパ旅行の
おこづかいに
あてられた

どうしても叶えたい願いが2つある場合は、八角シートを2枚用意する。たとえば、恋の願いを自分の五行のフラワー風水の下に入れ、お金の願いを金運アップのフラワー風水の下に入れるという使い方もあり。大切なのは、ひとつのフラワー風水に対して八角シートを1枚使うこと。

氣の合う
男性と出会って、
今年の
クリスマスには
ラブラブな関係に
進展しました

職場で
ギクシャク
しているK先輩と
コミュニケーション
を密にとれる
間柄になる

毎月の収入が
2万円増え、年末の
ヨーロッパ旅行の
おこづかいに
あてられた

NG
パターン1

五行のフラワー風水に
複数の八角シートを使う

自分の五行のフラワー風水だからといって、複数の八角シートを一度に使うのはかえって逆効果。

職場で
ギクシャク
しているK先輩と
コミュニケーション
を密にとれる
間柄になる

NG
パターン2

願いと異なる
フラワー風水に使う

仕事の願いを書いた八角シートを、異なる開運のフラワー風水に使うと、氣が混乱してしまうのでよくありません。

五行の出し方

あなたの五行は、生年月日と基本運命数から出すことができます。

まずは、次ページの「基本運命数早見表1」で、あなたが生まれた年と、生まれた月の交差するところにある数字を見つけましょう。その数字に、生まれた日の数を足します。この数字があなたの運命数です。もし、その数字が61以上になった場合は、そこから60を引いた数が運命数となります。

次に「基本運命数早見表2」から自分の運命数を探し、そこに書かれた「木」「火」「土」「金」「水」のいずれかがあなたの五行となります。

例

●1967年(昭和42年) 3月15日生まれの人

0 基本運命数 +15 生まれた日の数 =15　運命数は▶15　五行は▶ 土

例

●1981年(昭和56年) 2月17日生まれの人

46 基本運命数 +17 生まれた日の数 =63　63−60=3

運命数は▶3　五行は▶ 火

［基本運命数早見表］

西暦 (和暦)	1月	2月	3月	4月	5月	6月	7月	8月	9月	10月	11月	12月
1950 (昭和25)	32	3	31	2	32	3	33	4	35	5	36	6
1951 (昭和26)	37	8	36	7	37	8	38	9	40	10	41	11
1952 (昭和27)	42	13	42	13	43	14	44	15	46	16	47	17
1953 (昭和28)	48	19	47	18	48	19	49	20	51	21	52	22
1954 (昭和29)	53	24	52	23	53	24	54	25	56	26	57	27
1955 (昭和30)	58	29	57	28	58	29	59	30	1	31	2	32
1956 (昭和31)	3	34	3	34	4	35	5	36	7	37	8	38
1957 (昭和32)	9	40	8	39	9	40	10	41	12	42	13	43
1958 (昭和33)	14	45	13	44	14	45	15	46	17	47	18	48
1959 (昭和34)	19	50	18	49	19	50	20	51	22	52	23	53
1960 (昭和35)	24	55	24	55	25	56	26	57	28	58	29	59
1961 (昭和36)	30	1	29	0	30	1	31	2	33	3	34	4
1962 (昭和37)	35	6	34	5	35	6	36	7	38	8	39	9
1963 (昭和38)	40	11	39	10	40	11	41	12	43	13	44	14
1964 (昭和39)	45	16	45	16	46	17	47	18	49	19	50	20
1965 (昭和40)	51	22	50	21	51	22	52	23	54	24	55	25
1966 (昭和41)	56	27	55	26	56	27	57	28	59	29	0	30
1967 (昭和42)	1	32	0	31	1	32	2	33	4	34	5	35
1968 (昭和43)	6	37	6	37	7	38	8	39	10	40	11	41
1969 (昭和44)	12	43	11	42	12	43	13	44	15	45	16	46
1970 (昭和45)	17	48	16	47	17	48	18	49	20	50	21	51
1971 (昭和46)	22	53	21	52	22	53	23	54	25	55	26	56

西暦(和暦)	1月	2月	3月	4月	5月	6月	7月	8月	9月	10月	11月	12月
1972(昭和47)	27	58	27	58	28	59	29	0	31	1	32	2
1973(昭和48)	33	4	32	3	33	4	34	5	36	6	37	7
1974(昭和49)	38	9	37	8	38	9	39	10	41	11	42	12
1975(昭和50)	43	14	42	13	43	14	44	15	46	16	47	17
1976(昭和51)	48	19	48	19	49	20	50	21	52	22	53	23
1977(昭和52)	54	25	53	24	54	25	55	26	57	27	58	28
1978(昭和53)	59	30	58	29	59	30	0	31	2	32	3	33
1979(昭和54)	4	35	3	34	4	35	5	36	7	37	8	38
1980(昭和55)	9	40	9	40	10	41	11	42	13	43	14	44
1981(昭和56)	15	46	14	45	15	46	16	47	18	48	19	49
1982(昭和57)	20	51	19	50	20	51	21	52	23	53	24	54
1983(昭和58)	25	56	24	55	25	56	26	57	28	58	29	59
1984(昭和59)	30	1	30	1	31	2	32	3	34	4	35	5
1985(昭和60)	36	7	35	6	36	7	37	8	39	9	40	10
1986(昭和61)	41	12	40	11	41	12	42	13	44	14	45	15
1987(昭和62)	46	17	45	16	46	17	47	18	49	19	50	20
1988(昭和63)	51	22	51	22	52	23	53	24	55	25	56	26
1989(平成1)	57	28	56	27	57	28	58	29	0	30	1	31
1990(平成2)	2	33	1	32	2	33	3	34	5	35	6	36
1991(平成3)	7	38	6	37	7	38	8	39	10	40	11	41
1992(平成4)	12	43	12	43	13	44	14	45	16	46	17	47
1993(平成5)	18	49	17	48	18	49	19	50	21	51	22	52
1994(平成6)	23	54	22	53	23	54	24	55	26	56	27	57
1995(平成7)	28	59	27	58	28	59	29	0	31	1	32	2

西暦（和暦）	1月	2月	3月	4月	5月	6月	7月	8月	9月	10月	11月	12月
1996（平成8）	33	4	33	4	34	5	35	6	37	7	38	8
1997（平成9）	39	10	38	9	39	10	40	11	42	12	43	13
1998（平成10）	44	15	43	14	44	15	45	16	47	17	48	18
1999（平成11）	49	20	48	19	49	20	50	21	52	22	53	23
2000（平成12）	54	25	54	25	55	26	56	27	58	28	59	29
2001（平成13）	0	31	59	30	0	31	1	32	3	33	4	34
2002（平成14）	5	36	4	35	5	36	6	37	8	38	9	39
2003（平成15）	10	41	9	40	10	41	11	42	13	43	14	44
2004（平成16）	15	46	15	46	16	47	17	48	19	49	20	50
2005（平成17）	21	52	20	51	21	52	22	53	24	54	25	55
2006（平成18）	26	57	25	56	26	57	27	58	29	59	30	0
2007（平成19）	31	2	30	1	31	2	32	3	34	4	35	5
2008（平成20）	36	7	36	7	37	8	38	9	40	10	41	11
2009（平成21）	42	13	41	12	42	13	43	14	45	15	46	16
2010（平成22）	47	18	46	17	47	18	48	19	50	20	51	21
2011（平成23）	52	23	51	22	52	23	53	24	55	25	56	26
2012（平成24）	57	28	57	28	58	29	59	30	1	31	2	32
2013（平成25）	3	34	2	33	3	34	4	35	6	36	7	37
2014（平成26）	8	39	7	38	8	39	9	40	11	41	12	42
2015（平成27）	13	44	12	43	13	44	14	45	16	46	17	47
2016（平成28）	18	49	18	49	19	50	20	51	22	52	23	53
2017（平成29）	24	55	23	54	24	55	25	56	27	57	28	58
2018（平成30）	29	0	28	59	29	0	30	1	32	2	33	3

[基本運命数早見表2]

「基本運命数早見表１」で出した運命数と同じ数字を次の表から探します。

そこに書いてある「木」「火」「土」「金」「水」のいずれかが、あなたの五行となります。

木	木	火	火	土	土	金	金	水	水
1	2	3	4	5	6	7	8	9	10
木	木	火	火	土	土	金	金	水	水
11	12	13	14	15	16	17	18	19	20
木	木	火	火	土	土	金	金	水	水
21	22	23	24	25	26	27	28	29	30
木	木	火	火	土	土	金	金	水	水
31	32	33	34	35	36	37	38	39	40
木	木	火	火	土	土	金	金	水	水
41	42	43	44	45	46	47	48	49	50
木	木	火	火	土	土	金	金	水	水
51	52	53	54	55	56	57	58	59	60

巻末付録「五行シート」と「八角シート」

このページをコピーして、使いたいシートをはさみで切り取りましょう。

●五行シート

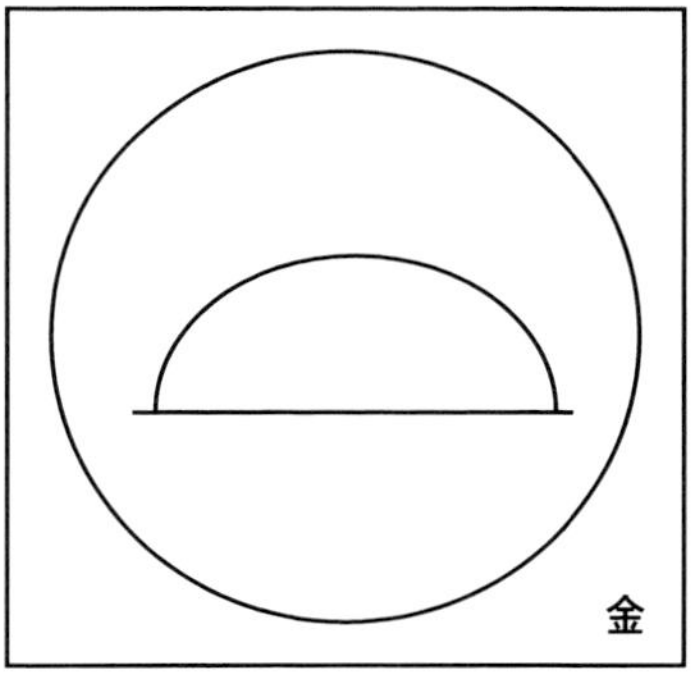

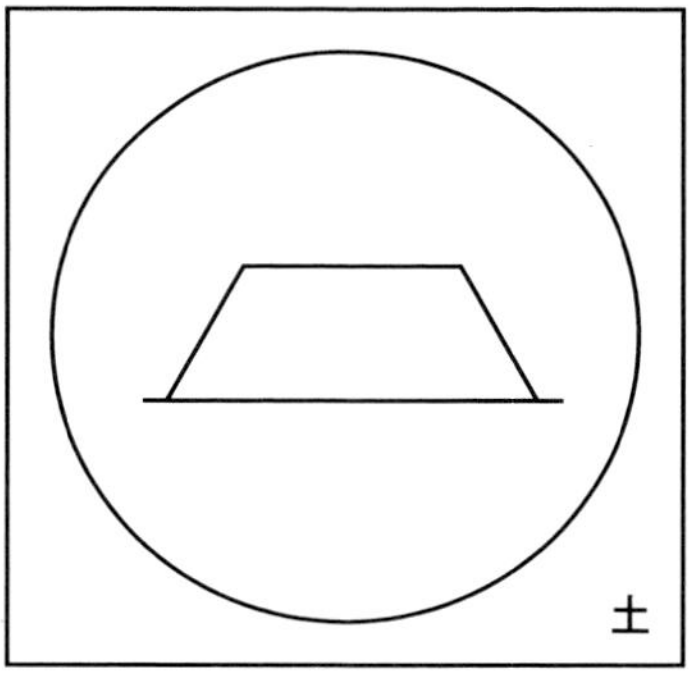

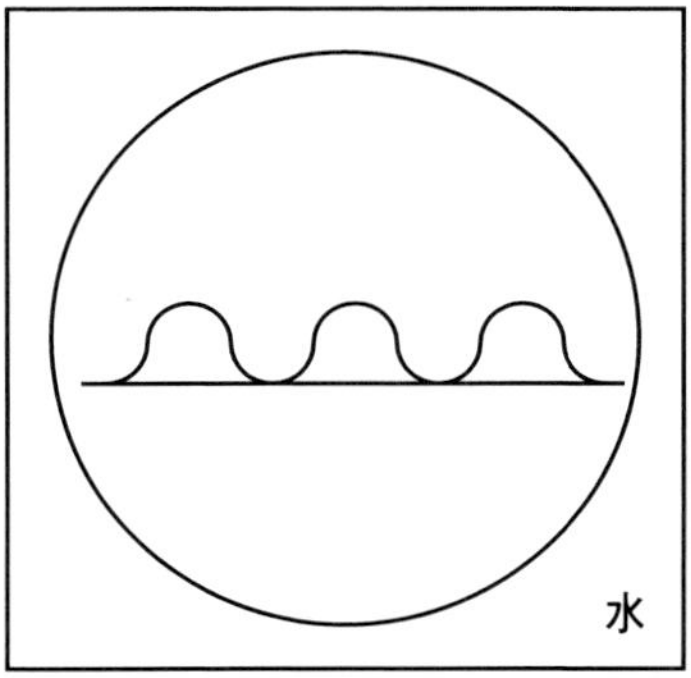

●八角シート

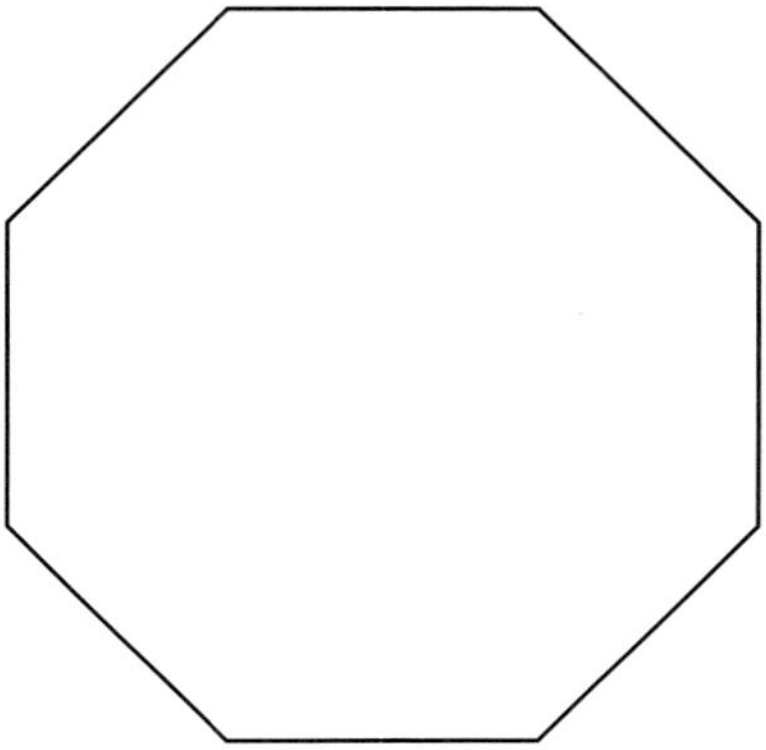

【参考文献】
『金寄靖水の風水学校』金寄靖水（祥伝社）／『不運を強運にする「風水学校」実践編』金寄靖水（祥伝社）／『これがホントの風水。』金寄靖水（宝島社）／『花のもつ癒しの魅力』アン・マッキンタイア著／飯岡美紀訳／バベル翻訳監修（産調出版）／『片桐義子の花療法』片桐義子（ブティック社）

巻末付録　花曼荼羅®塗り絵

コピーをして使用してください。

【著者】

一般社団法人日本フラワー風水協会（JFFA）

当協会は2010年に一般社団法人日本フラワー風水協会（JFFA）として、身近な暮らしの中に風水を取り入れたフラワーアレンジメント『フラワー風水』と、花と曼荼羅を融合させた『花曼荼羅®』によって、誰でも簡単に心地よい環境作りができ、また、夢の実現をサポートできる講師の育成を目的として、発足されました。これまでの実績を生かしながら、フラワー風水や花曼荼羅®の普及、また伝統文化が息づく日本において、手作りを通して人の想いを大切にする活動を全国で展開しています。

HP：https://jffa.net/

【JFFA（一般社団法人日本フラワー風水協会）会員・認定校】

☆：認定校

エリア	市区町村	講師名（サイト）	フラワー風水	インテリア風水アドバイザー	花曼荼羅®セラピスト	花曼荼羅®フラワーアレンジメント
本部／理事長	東京都千代田区	岡安美智子	☆	☆	☆	☆
東日本支部	茨城県つくば市	福田佐智子	☆	○	☆	☆
西日本支部	静岡県静岡市	深津美穂	☆	○	☆	☆
九州支部	熊本県人吉市	小村典子	☆	○	☆	☆
花曼荼羅®サポーター		上田由理佳			☆	○

その他、全国の認定校、会員よりフラワー風水や花曼荼羅®の講座やワークショップの受講が可能です。お気軽に下記へお問い合わせください。

http://jffa.moon.bindcloud.jp/test1/nintei.html

【ゼリツィン®正規販売パートナー一覧】

全国の販売パートナーにて、ゼリツィン®を使った各種セッションや、お得な体験セッション、ゼリツィン®ベーシックセミナーの受講が可能です。

お気軽にお近くの正規販売パートナーにお問い合わせください。

http://www.sellizin.jp/pages/820364/partner

【監修者】

一般社団法人日本フラワー風水協会理事長
女性の生き方研究家

岡安美智子（おかやす・みちこ）

恋愛、結婚、子育て、起業、離婚etc.様々な経験を通じ、20年以上にわたり、講座、講演、個人カウンセリングなどで女性が真に輝く生き方を提唱。

主婦からフラワーアレンジメントで起業し、オリジナルの「フラワー風水」を創始する。

LAのオーロラファンデーションに日本人初のグランプリ受賞。「フラワー風水」に続き「花曼荼羅®」の資格制度を創設し全国で約300名の認定講師が活躍中。

この他、ホリスティック療法として、ドイツより「ゼリツィン®」を日本に初めて紹介し、ゼリツィン®ジャパン顧問＆専任アドバイザーとして自らもセラピストとして活動中。

また、ジュエル・エネルギーアドバイザーとして、宝石のエネルギーに注目した講座や宝石フィッティングも全国で行なっている。弾けるような笑顔と明快で楽しい講座と全国にファン多数。

●書籍

『飾るだけで幸運を呼び込むフラワー風水』（河出書房新社）
『天使が導く新月の花曼荼羅ワーク』（三恵社）
『しめ飾り＆パワーストーン』（日本文芸社）
『花曼荼羅® カード』（キューイズム）
『ぴかぴかチャクラの玉磨き』（ヒカルランド）

【スタッフ】

●デザイン　五味朋代（アチワデザイン室）
●イラスト　阿部真由美
　　　　　　吉泉ゆう子
●撮影協力　神山昌利

本書は、2008年7月に河出書房新社より刊行された『飾るだけで幸運を呼びこむフラワー風水』を改題し、加筆、修正を加えたものです。

フラワー風水と花曼荼羅®の持つ力
～自分と繋げる天地の癒し～

2018年 9月 9日　初版発行
2021年 2月22日　第二刷発行

著　者　一般社団法人日本フラワー風水協会
監修者　岡安美智子
発行所　株式会社　三恵社
〒462-0056 愛知県名古屋市北区中丸町2-24-1
TEL 052-915-5211　FAX 052-915-5019
URL http://www.sankeisha.com

ISBN 978-4-86487-905-7 C0077